Waldes kind

Maximilian Moser

Waldeskind

Die Bedeutung von Wald und Natur für die Entwicklung unserer Kinder

Servus

Kinder brauchen Bäume

Tief verwurzelt in der Erde – wie ein mächtiger Baum – und zugleich hochragend dem Himmel zugewandt: Wer wünscht sich dieses Bild nicht für sein Kind. Wenn Kinder einen Baum zeichnen, so kann der geschulte Psychologe sofort sehen, wie das Kind in seiner Familie verwurzelt ist und wie es sich nach außen hin entwickeln kann. Wie kein anderes Pflanzenwesen ist der Baum ein Symbol für den Menschen und seine Entfaltung. Bäume zeigen, wie er in der Welt steht, ob er in der Realität verwurzelt ist und sich mit der Wirklichkeit gut verbinden, ob er sich entfalten und wachsen kann, wie es seiner Bestimmung entspricht. Nicht umsonst werden Bäume in der Kunst als Symbole für den Menschen gesehen und sprechen uns auch so tief an[1, 2].

Für Kinder sind kräftige Bäume ein Symbol und ein Vorbild, das ihnen Stärke in ihrem Leben gibt. Sie schaffen Vertrauen und das Gefühl, beheimatet zu sein, wie ein in sich ruhender Großvater in der Landschaft, ein Wesen, an das man sich getrost lehnen kann, das Behaglichkeit und Stärke ausstrahlt. Gerade in der heutigen Zeit, in der Kinder im Schulhof auf Planquadraten stehen und im Unterricht Masken tragen müssen, ist es noch wichtiger geworden, wenigstens den Umgang mit der Natur zu erhalten und den Kindern das Selbstvertrauen zu geben, das sie für ein glückliches Leben benötigen.

Welcher Wald ist für Kinder geeignet – Zauberbäume und Feengärten

Wenn Sie einmal erlebt haben, mit welcher Begeisterung Kinder einem selbst erzählten Märchen zuhören, oder sich vielleicht erinnern können an die Zeit, in der Ihnen als Kind Märchen von einem lieben Menschen erzählt wurden, so wissen Sie, was Kinder wirklich fasziniert: Es ist das Zauberhafte, das Ungewöhnliche, das Geheimnisvolle.

Genau das können Kinder erleben, wenn Sie mit ihnen bestimmte Wälder aufsuchen. Es sind Wälder, die nicht dem Prinzip der Geschäftsmaximierung und der Ordnungswut des Waldbesitzers zum Opfer gefallen sind. Es sind Wälder, in denen Flechten von den Bäumen hängen dürfen und Moos den Boden und den Fuß der Baumstämme bedeckt. Alte Mutterbäume, von denen man weiß, dass sie besonders wichtig für den Aufbau und die Erhaltung des Waldes sind, sind ebenso vorhanden wie junger Neuwuchs und Bäume in mittlerem Alter. Die Waldränder schwingen in der Landschaft und bilden Nischen, in denen die Kinder Verstecke und Waldbeeren finden. Pilze lugen zwischen Moospolstern oder unter dem Laub hervor. Die Landschaft ist vielgestaltig, und Wasserläufe, Bächlein, eine Quelle und kleine Teiche durchziehen den Wald. Der Artenreichtum ist besonders hoch, da verschiedene Biotope ineinander übergehen.

Bild rechts: Ein zu Eis erstarrter Wasserfall in den Wäldern der Südalpen bei Fondo (Piemont). Die durchschnittenen Felsen lassen Gesichter erkennen, die unsere und die kindliche Fantasie anregen: Ein Felsenhaupt mit markanter Nase küsst den vereisten Wasserfall im obersten Teil des Baches. Ein Furfur-Drachenkopf stupst in der Bildmitte von rechts ins Eis.

In diesen Wäldern formieren sich verschiedenste Gestalten: Gesichter in alten Baumstümpfen und auch in verwachsenen Gesteinsformationen, Gnome mit Umhängen aus Moos und Bärten aus Flechten. Es sind die Wälder, von denen unsere Vorfahren gesagt haben, dass sie mit Naturwesen erfüllt sind, die wahrscheinlich die Vorbilder für manches Märchen und manche Sage waren. Genau diese zauberhafte Welt fasziniert Kinder besonders und ermöglicht ihnen, eine reiche und vielfältige Fantasie auszubilden, jenes Wunderland, jene Quelle unseres künstlerischen Schaffens, die Michael Ende in seinem Buch *Die unendliche Geschichte* so lebendig beschreibt[3] und die heute besonders gefährdet ist, verloren zu gehen.

Bild rechts: Dem Bachgemurmel lauschen: Dr. Georg Lexer, in seinem früheren Berufsleben als beliebter Chirurg tätig, demonstriert die »Bachmusik«: Mit einem Stock aus Hasel, der in den Steinen eines Bächleins verankert wird, kann der Schall des plätschernden Wassers direkt ins Ohr übertragen werden, so wie ein Arzt Herzgeräusche beim Menschen abhört.

Sowohl ökologisch, aufgrund der Artenvielfalt, als auch vom Erholungswert her sind die Ränder des Waldes besonders wertvoll. Hier treffen sich zwei oder, wenn Wasserflächen im Spiel sind, sogar drei Biotope, die jeweils ihre Arten mitbringen. Für Vögel und Säugetiere sind die Waldränder Nahrungsquellen durch die dort vorhandenen Beeren und Insekten, Refugium durch das dichte Laubwerk und Nistplatz sowie Kinderstube, in der Jungvögel fliegen lernen können. Für Kinder sind sie beliebte Spielplätze am Rande von Lichtungen, mit Verstecken und interessanten Beobachtungsmöglichkeiten, aber auch Beerenfrüchten wie Himbeeren und Brombeeren.

Aus all diesen Gründen wäre auch die Erhaltung der artenreichen Waldränder so extrem wichtig. Leider fallen sie jedoch

heute einer verrückten Förderungspolitik zum Opfer, da die Förderungen der EU für Wälder wesentlich geringer ausfallen als für Grünland. Waldbauern sind dadurch seit einigen Jahren gezwungen, die Waldränder regelmäßig zurückzuschneiden, da ihre Flächen über Satellitenbilder von der EU kontrolliert werden und Förderungen bei Ausbreitung der Wälder zurückgezahlt werden müssen. So werden die ökologisch wertvollsten Flächen systematisch zurückgestutzt und zerstört. Ein Musterbeispiel von unflexibler Bürokratie, die keine Rücksicht auf die ökologische Bedeutung von Flächen legt, sondern ausschließlich nach den Buchstaben der Gesetze vorgeht.

Leider sind vielfältige und märchenhafte Wälder heute schon sehr selten, und es wäre Aufgabe der Kommunen und des Staates, solche Waldbiotope auch in der Nähe von Städten und Dörfern aktiv zu erhalten oder neu anzulegen und für Menschen zugänglich zu machen. Vielleicht könnte es eine gezielte Förderung geben, die den Verlust an Grünflächenförderung kompensiert? Das wäre mindestens so wichtig wie die Eröffnung von sterilen Betonspielplätzen, auch wenn der Beton grün gefärbt oder mit Plastikrasen überzogen wird, auf denen Kinder auf genormtem, aber fantasielosem Spielzeug eintönig und notdürftig spielen können. Ein Aufruf an Bürgermeisterinnen und Bürgermeister, Kindergärten und Schulen: Nutzen wir die Erkenntnisse von Biologen und Ökologen, die in den letzten Jahrzehnten großes Wissen über die Gestaltung von Naturwäldern und spannenden Ökotopen gesammelt haben und Hinweise geben können, wie man solche reichen und erlebnisreichen Naturlandschaften wieder schaffen kann.

Die Stimmung des Waldes

Ein weiteres, vielleicht noch spannenderes Kapitel im Leben Ihrer Kinder werden Sie aufschlagen, wenn diese lernen, sich auf die Stimmung des Waldes einzustellen, die etwa durch Vogelstimmen erzeugt wird. Jede Waldlichtung hat einen charakteristischen Klangraum, der für den jeweiligen Zustand, die Tages- und Jahreszeit typisch ist[4]. Droht keine Gefahr, so hören Sie die beschriebenen Vogelsänger, die im Wesentlichen gleichmäßig von allen Seiten entspannt und harmonisch erklingen. Plötzlich ertönt das Gezänk eines Eichelhähers, des bunten Warners aus der Rabenfamilie, und mit einem Schlag merken Sie, dass der gesamte Klangraum sich verändert. In Richtung des Eichelhäherrufs verstummt der Vogelgesang, die Vögel ducken sich in ihre Verstecke, in allen anderen Richtungen wird er zaghafter. Eine Minute später taucht aus der Eichelhäherrichtung ein Jogger auf. Rehe wären bereits beim ersten Häherruf in die Gegenrichtung entschwunden. Das ist auch der Grund, weshalb der Wald dem normalen Spaziergänger so frei von größeren Tieren zu sein scheint. Die Vogelwelt hat schon lange gewarnt, bevor er eine Lichtung erreicht hat. Verschwindet der Jogger, löst sich auch die Anspannung wieder.

Je ruhiger und unauffälliger Sie sich verhalten, desto mehr Tiere zeigen sich Ihnen im Wald. Das ist übrigens ein wunderbares Mittel, um Kinder in die Ruhe zu bringen! Es lohnt sich, ruhig an einer versteckten Stelle sitzen zu bleiben und zu warten. Sie werden staunen, welche Vielfalt an Tieren sich nach einiger Zeit

einstellt. Ein solches Erlebnis erhöht die Motivation der Kinder, ruhig zu bleiben, dann noch zusätzlich. Nicht umsonst haben auch Jäger zumeist tarnfärbiges Gewand. Wenn Sie den Wald in den Farben eines Papageis oder mit dem Getrampel eines Nilpferdes besuchen, wird die Tierwelt möglicherweise einen größeren Bogen um Sie machen.

Vom Lufthauch zum Orkan

Schon ein Lufthauch bringt die Blätter mancher Bäume zum Rascheln. Manche, wie die Espe, die auch Zitterpappel genannt wird, zittern – wie der Name schon sagt – dann ganz eindrucksvoll mit ihren Blättern, und zwar optisch und akustisch. Ein etwas kräftigerer Wind erzeugt mächtiges Rauschen in den Blättern hoher Bäume, deren Windschatten den Menschen auf dem Boden auch vor der größten Kraft des Windes schützt. Jeder Baum rauscht unterschiedlich. Das hat die Akustikforschung in den letzten Jahren herausgefunden, und das weiß auch jeder aufmerksame Naturbeobachter. Jede Baumart bietet eine verschieden gute Dämpfung von Geräuschen, die zum Beispiel von Straßenfahrzeugen kommen. Dicht benadelte, üppig wachsende Bäume und auch die sehr raue Rinde der Lärchenbäume sollen besten Schutz vor Lärm bieten, besseren als Laubbäume, wie die BBC berichtet.[5] An den vielen Nadeln und der Lärchenrinde brechen sich die akustischen Wellen und werden zu Wärme umgewandelt, die man nicht mehr hören kann.

Tiere – besonders wildlebende – sind für Kinder immer faszinierend. Bei ruhigem Verhalten ist die Chance groß, auch ein Eichhörnchen in freier Wildbahn beobachten zu können.

Die Rinde von alten Lärchenbäumen hat die höchste akustische Schallschluck-qualität.

Bei einem noch stärkeren, richtigen Orkan ist der Wald kein sicherer Ort, da Äste abbrechen oder sogar Bäume umfallen können. In einem solchen Fall sollte er schleunigst verlassen werden.

Der Wald und die Sinne

Der Tastsinn und der Wald

Durch die Video-Displays von Smartphones, Tablets und Computern sind unsere Sinne heute sehr stark eingeschränkt auf die optische und vielleicht noch auf die akustische Wahrnehmung. Mit den hochdifferenzierten Tastwahrnehmungen, die im Wald erlebbar sind, können wir einen Ausgleich schaffen für die einseitig visuelle Einengung des heutigen Menschen. Damit werden Sinne trainiert, die sonst nicht beachtet werden und langfristig degenerieren.

Das Training von Sinnen führt zu einem Aufbau der Nervenzellen und Synapsen, die mit diesem Sinn verbunden sind. Dies findet vor allem in der frühen Jugend statt, zu einem Zeitpunkt, wenn das Nervensystem und das Gehirn besonders plastizierbar sind. Dieses Training gilt sowohl für den Sinnesbereich wie auch für die motorische Umsetzung von Bewegung und natürlich auch für das Zusammenspiel der beiden.

Da unser Körper Nerven- und Sinneszellen dauernd ernähren und intakt halten muss, baut er sie ab, wenn sie nicht benötigt werden, nach dem Motto »Was nicht benötigt wird, verkümmert«. Leider scheinen sich auch der Mangel an vielfältigen natürlichen Reizen und die Überflutung mit einförmigen Reizen der Medien auf die Intelligenz der Menschen auszuwirken: Während lange Zeit der mittlere Intelligenzquotient von Rekruten um 100 lag, sinkt er seit zwanzig Jahren alle zehn Jahre um zwei Punkte[6]. Zwar schieben die Forscher dies hauptsächlich auf künstliche Hormone aus Plastikbehältern, Kleidung, Klebstoffen und Medikamenten, doch ist die Mitbeteiligung von mangelnder Reizvielfalt eine genauso plausible Erklärung.

Der Hirnforscher Gerald Hüther weist in diesem Zusammenhang darauf hin, dass auch die spätere Demenz durch Selbstheilungskräfte des Organismus verhindert werden kann[7]. Dies benötigt jedoch eine gute Umgebung, die nicht durch zu starke und zu eintönige Reize geprägt ist. Eine hohe Intelligenz in der frühen Kindheit ist übrigens auch mit geringerer Demenz im Alter verbunden.

Was in der frühen Kindheit angelegt wird, ist auch später verfügbar und kann wieder aktiviert werden, wenn es vorübergehend stillgelegt wurde. Deshalb ist es besonders wichtig, schon in der Kindheit möglichst viele Sinne intakt zu halten und die Welt auf verschiedenste Weise zu erleben[1, 8] – und zwar nicht nur als Videobild. Darauf weist unter anderem auch ein anderer bekannter Hirnforscher, Manfred Spitzer, hin, der in diesem Zusammenhang von »digitaler Demenz« spricht, die Menschen schon sehr früh befallen kann und zu einem Verlust nicht mehr trainierter Fähigkeiten des Menschen führt[9].

Dem Tastsinn bietet der Wald ausgezeichnete Möglichkeiten der Betätigung. Das beginnt bei Waldwegen, die vor allem von Kindern sehr gerne aufgesucht werden. Weiches Moos polstert den Gang, Baumwurzeln mahnen zu achtsamem Gehen und bewegen die Fußwurzelknochen sowie die Muskeln des Fußes in differenzierter Weise. Dadurch wird sicheres Gehen trainiert und die Nervenbahnen und Synapsen im Gehirn werden ausgebildet, die eine vielfältige Bewegung des Fußes ermöglichen und damit einseitiger Abnutzung vorbeugen[10]. Das Gehen auf unebenen Flächen hat nachgewiesenermaßen positive Effekte auf die Stabilität des Ganges, der Gelenke und das Halten der Balance[11, 12]. All das sind Fähigkeiten, die später darüber bestimmen, ob man schwierige Situationen, die zu Stürzen führen könnten, durch Ausbalancieren meistert, oder eben nicht. Interessanterweise berichten Eltern auch, dass Kinder beim Spazierenfahren auf »ruckeligen« Wegen besser einschlafen als auf einer ebenen, asphaltierten Straße. Hier spielt wahrscheinlich das Schaukeln eine Rolle, das auf kleine Kinder meistens beruhigend wirkt. Dies könnte ein Erbe aus der nomadischen Vergangenheit unserer Vorfahren sein, als es hilfreich war, wenn kleine Kinder bei Wanderungen schliefen.

Kinder haben wesentlich mehr Tastrezeptoren an den Händen als an den Beinen. Besonders die Fingerspitzen gehören zu den empfindlichsten Organen, was den Tastsinn betrifft. Dieser Tastsinn kann an feinen Strukturen des Mooses, an Rinden und Blättern und auch am Holz der Bäume geübt werden. Kinder lernen so spielend, die Welt tastend wahrzunehmen, am besten mit geschlossenen Augen.

Man weiß von blinden Menschen, dass bei ihnen der Tastsinn hoch entwickelt ist und sie vieles unterscheiden können, wesentlich mehr als ein sehender Mensch. Deshalb lohnt es sich, Kinder mit geschlossenen Augen verschiedene Objekte des Waldes wie Moose, Baumfrüchte, Blätter, Fichtenzapfen, Ästchen und getrocknete Baumharze berühren und sie raten zu lassen, worum es sich handelt. Als Belohnung gibt es dann – bei geeigneter Jahreszeit – vielleicht Walderdbeeren oder Himbeeren, die auf einer Waldlichtung wachsen.

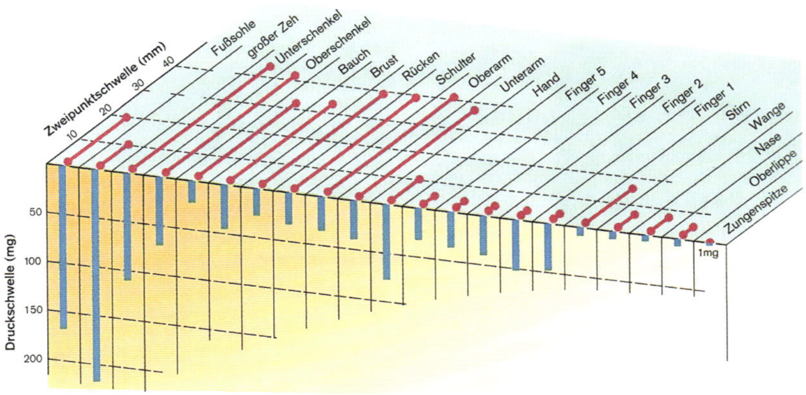

Druckschwellen und Zweipunktschwellen der Sinnesrezeptoren an verschiedenen Körperteilen. Je kleiner die Balken, desto empfindlicher ist das Organ. Menschliche Finger können am besten zwischen zwei Tastpunkten unterscheiden. Übertroffen werden sie nur von der Zungenspitze.

Bewegung im Wald dämpft bei Jugendlichen die Aktivität des sympathischen Nervensystems, das bei Überaktivierung eine Reihe von negativen Folgen hat. Japanische Studien haben gezeigt, dass diese Überaktivierung bei Jugendlichen durch Bewegung im Wald reduziert werden kann[13].

Essen und schmecken im Wald

Ohne das entsprechende Wissen würde man nicht glauben, was alles im Wald essbar und dabei sogar sehr gesund ist. Im Frühjahr beginnt es bei den Blättern der Laubbäume.

Gefahrlos kann man junge Lindenblätter, Rotbuchenblätter und Blätter vom Maulbeerbaum kosten, sie schmecken erstaunlich gut und sind voller Vitamine, Chlorophyll und Mineralstoffe. Auch Nadelbäume treiben im Frühjahr wohlschmeckende und hübsche Jungtriebe aus. Mit Ausnahme von Eiben und manchen exotischen Zypressen, die giftig sind, sind alle einheimischen Nadelbaumjungtriebe essbar.

Fichten, Tannen und Lärchen zeichnen sich durch einen aromatischen und säuerlichen Geschmack aus, wobei das Aroma von den ätherischen Ölen und der säuerliche Geschmack von der Menge an Vitamin C stammt, die in den Triebspitzen enthalten ist. Bei der Auswahl der Triebspitzen sollte man darauf achten, keineswegs Endtriebe oder gar Mitteltriebe an der Spitze eines Nadelbäumchens abzureißen, da das für Nadelbäume die Wachstumspole sind, die dann fehlen. Geeignet sind Triebe, die zum Beispiel in Richtung der Waldwege wachsen und ohnehin abgeschnitten werden, beziehungsweise Seitentriebe, die von den Bäumen leichter ersetzt werden können. Auch sollte man nur geringe Mengen an Trieben pro Baum ernten, um ihn keinesfalls zu schädigen.

In der Volksmedizin werden »Maiwipferl«, wie die jungen Triebe von Fichten und Tannen genannt werden, als Heilmittel bei Atemwegserkrankungen, insbesondere Husten, eingesetzt. Dazu werden sie im Frühjahr gleich nach dem Austrieb geerntet, mit Zucker oder Honig in Gläser gefüllt und gut verschlossen für drei Wochen an die Sonne gebracht. Der entstehende Sirup enthält die Vitamine und ätherischen Öle der jungen Nadelbaumtriebe und wird bei Bedarf löffelweise eingenommen.

Aufgrund des hohen Vitamin-C-Gehaltes wurde Tee aus Fichtennadeln sogar gegen Skorbut, eine Vitamin-C-Mangelerkrankung, medizinisch eingesetzt[14]. Neuerdings haben mehrere Studien gezeigt, dass Suramin, eine Substanz, die ursprünglich in Kiefernnadeltee gefunden und erst später synthetisch hergestellt wurde, ein hohes Potenzial hat, Infektionen mit Covid-19 zu verhindern[15–19]. Eine Studie im Fachjournal *Nature Structural Molecular Biology* schreibt Suramin ein zumindest zwanzigmal größeres Potenzial zur Hemmung von Covid-19 im Vergleich zu dem derzeit gegen die Erkrankung zugelassenen Arzneimittel Remdesivir zu. Interessanterweise hat Suramin, ähnlich wie andere aus der Biologie kommende Heilmittel, ein breites Anwendungsspektrum, unter anderem auch gegen die Erreger der Schlafkrankheit, gegen das HI-Virus und sogar gegen Krebs.

»Maiwipferl«, die im Frühjahr austreibenden Knospen von Fichten und Tannen, ergeben einen ausgezeichneten »Hustensaft« mit viel Vitamin C, was man auch schmeckt. Die Knospen können – in kleinen Mengen, um die Bäume nicht zu schädigen – gemeinsam mit den Kindern gesammelt werden. Sie schmecken erfrischend und leicht säuerlich.

Auch bei dem von Atemnot begleiteten Asthma hat man gute Erfahrungen mit den ätherischen Ölen der Holzpanele von koreanischen Kiefernarten (im Speziellen von der unserer alpinen Zirbe nahe verwandten *Pinus koraiensis*) und Lärchenarten (*Larix kaempferii*) gemacht[20]. Zytokine, von denen man weiß, dass sie bei Asthmaanfällen erhöhte Aktivität zeigen, waren im Tierversuch durch Aufenthalt in Räumen mit den Holzpanelen reduziert. Auch Immunzellen, sogenannte Granulozyten, die für die Asthmaanfälle mitverantwortlich gemacht werden, waren signifikant reduziert. Die schlimmen Nebenwirkungen von Covid-19 entstehen durch die Überreaktion des eigenen Immunsystems, also der Immunzellen, die durch ätherische Nadelbaumöle offensichtlich gezügelt werden können.

Zucker und der Wert der Bitterstoffe

Viele Pflanzen und Heilkräuter des Waldes schmecken nicht so lieblich oder süß, wie die aus moderner Pflanzenzucht oder von der Industrie aufbereiteten Nahrungsmittel. Süßer Geschmack kommt in der Natur dort vor, wo Zucker vorhanden ist. Für unsere menschlichen Vorfahren war Zucker ein extrem wichtiger Stoff, den sie vorwiegend aus Früchten und selten aus Honig zu sich nehmen konnten – und meistens Mangelware. Durch die Züchtung von sehr süßem und zuckerhaltigem Zuckerrohr sowie später von Zuckerrüben wurde der darin enthaltene Zucker plötzlich in Mengen und jederzeit verfügbar, und zwar in einem Ausmaß, das vorher undenkbar war.

Zucker ist ein sehr energiereicher Stoff, für dessen Produktion die Pflanzen viele Stunden an Sonnenarbeit aufwenden müssen. Da sie den Zucker auch benötigen, um die Zellulose anderer Pflanzenteile und letztlich alle Stoffe des Pflanzenkörpers zu produzieren, gehen sie in den Früchten sparsam mit dem Zucker um, sowohl was die Größe als auch den Zuckergehalt betrifft. Erst die gärtnerische oder pomologische Züchtung hat die riesigen Äpfel und andere süße Früchte geformt, die in der Natur in kurzer Zeit wieder verschwunden wären und die nur unter menschlicher Obhut gedeihen.

Wird die Züchtung übertrieben, so müssen auch noch Gifte verwendet werden, um die ebenfalls hungrigen Mitbewerber des Menschen um Nahrung, wie Insekten und Schimmelpilze, von den allzu süßen Früchten zu vertreiben, oder schlimmer, zu vergiften. Aus diesem Grund schmecken die alten Obstsorten, die noch ohne diese Gifte auskommen, auch wesentlich weniger süß und durch die pflanzeneigenen Schutzstoffe, die zusätzlich in ihnen enthalten sind, meist auch etwas herb. Gerade diese pflanzeneigenen Schutzstoffe sind aber eine Quelle unserer Gesundheit, da sie meist antioxidative Eigenschaften haben und unsere Gene vor der Zerstörung durch radikalen Sauerstoff schützen. Dieser zellgiftige radikale Sauerstoff entsteht unter anderem durch ultraviolettes Licht (UV), das zum Beispiel im Sonnenlicht enthalten ist. Da das Sonnenlicht nur wenig in die Früchte eintritt, sind die Schutzfaktoren dort angesiedelt, wo am meisten UV auf die Pflanze einwirkt, und das ist an der Oberfläche, also an der Schale der Früchte. Deswegen sind Äpfel gleich unter der Oberfläche der Schale zum Beispiel rot, im Inneren jedoch meistens weiß, weil Antioxidantien Farbstoffe sind, meist rot, violett oder gelb.

Alte Obstsorten schmecken nicht so süß wie moderne Züchtungen, enthalten aber wesentlich mehr gesunde Inhaltsstoffe wie Polyphenole und Vitamine. Um gesund und widerstandsfähig zu sein, sollten wir schon als Kinder lernen, nicht nur auf süßen Geschmack trainiert zu werden.

Forschungen haben nun ergeben, dass viele Pflanzenstoffe, die bitter schmecken, besonders gesundheitsfördernde Eigenschaften haben, weil sie antioxidativ wirken, aber auch andere gesundheitsfördernde Wirkungen haben können: So fördert der Bitterstoff des Endivien- oder Chicoréesalats[21] nicht nur die Magensäure- und Gallensaftproduktion, sondern regt auch die Speichelproduktion und die Darmtätigkeit an. In der Natur an Wegrändern, auch an Waldwegen, findet sich eine nahe Verwandte von Endivie und Chicorée, die eine noch viel höhere Konzentration an wertvollen Bitterstoffen aufweist als ihre domestizierten Verwandten: die blau blühende Wegwarte. Lässt man im Gemüsegarten eine der Endiviensalatpflanzen auswachsen, sodass sich Blüten bilden, erscheint tatsächlich nach einigen

Wochen die blaue Blüte der Wegwarte – eine Erinnerung an ihre Herkunft. Gärtnergenerationen haben aus der sehr bitteren und von der Textur her eher zähen und behaarten Löwenzahn- und Wegwarteverwandten den knackigen Endiviensalat gezüchtet, der noch immer die Bitterstoffe seiner Vorfahren, wenn auch in viel geringerer Menge, trägt.

In vielen modernen Ernährungsbüchern wird dem bitteren Geschmack von Pflanzen, wahrscheinlich zu Recht, ein besonders hoher Wert für die Gesundheitsbildung zugeschrieben. Nicht umsonst nehmen wir ja zuweilen, besonders vor fettem Essen, einen Magenbitter zu uns, der Kräuterauszüge aus verschiedenen bitteren Pflanzen enthält. Die Bitterstoffe bereiten die Fettverdauung in allen Abschnitten des Verdauungstraktes vor und helfen unserem Körper, mit der schweren Nahrung fertig zu werden.

Warum aber mögen Kinder in der Regel Bitterstoffe nicht so gerne? Der Grund liegt wahrscheinlich darin, dass viele Giftstoffe ebenfalls bitter schmecken. Bitterer Geschmack wird also als Warnung empfunden, und deswegen greifen die meisten Kinder lieber nach Süßem als nach Bitterem. Wenn es sich dabei um süße Waldbeeren oder Baumfrüchte handelt, so ist gegen den Appetit der Kleinen gar nichts einzuwenden, da hier von den Pflanzen Vitamine mitgegeben werden, die bei der Verdauung des Zuckers mithelfen.

Wenn Sie zur richtigen Zeit, im Spätsommer und Herbst, wandern gehen, suchen Sie gezielt mit den Kindern im Wald und am Waldrand nach essbaren Beeren und Früchten, denn die Wildfrüchte enthalten viel

mehr Vitamine, als für die reine Zuckerverdauung benötigt wird, und zusätzlich noch die erwähnten Antioxidantien.

Fehlen jedoch die Vitamine, da chemisch gereinigte Zuckerarten und Auszugsmehl zum Beispiel als Basis für Süßigkeiten verwendet werden, so entzieht die süße Ernährung dem Körper Vitamine, die er eigentlich dringend für andere Zwecke benötigt. Da das kalorienreiche Süße außerdem, wie bereits erwähnt, heute in absolutem Überfluss vorhanden ist, ist bei ausgeprägtem Süßigkeitshunger nicht nur eine schädliche Ausbildung der Darmbakterienflora zu beobachten, sondern auch Diabetes und Fettleibigkeit mit all ihren negativen Nachwirkungen nehmen bei Kindern immer mehr zu.

Dieser Süßigkeitshunger bei Kindern ist leider selbstverstärkend. Je mehr Süßigkeiten sie essen, desto stärker nisten sich zuckerabbauende Bakterienstämme im Darm ein. Diese Bakterienstämme haben noch dazu die Fähigkeit entwickelt, für den Menschen sehr unangenehme Stoffe abzusondern, wenn sie hungrig sind. Gut gefüttert, verbreiten sie ein wohliges Gefühl, bei Hunger gehen sie in Alarmzustand und sondern Stoffe ab, die auch im menschlichen Gehirn äußerst unangenehme Gefühle auslösen. Werden sie wieder mit Zucker oder leicht abbaubarem Weißmehl gefüttert, so beginnt der Kreislauf von vorne. Das wohlige Sättigungsgefühl nach süßer Schokolade oder überhaupt nach Süßigkeiten hält nicht lange an und kann nur durch Zufuhr neuer Süßigkeiten wieder herbeigeführt werden. Dieser Teufelskreis ist eine Folge eines einseitig auf Zucker ausgerichteten Darm-Mikrobioms.

Aus dieser Falle führt nur ein Ausweg: Essen die Kinder längere Zeit keinen oder nur den Zucker, der in natürlichen Früchten enthalten ist, so verschwinden diese zuckerabbauenden Bakterien allmählich zugunsten von Bakterien, die Ballaststoffe abbauen können und wertvolle kurzkettige Fettsäuren produzieren. Auch der dauernde Zuckerhunger gibt sich nach einigen Wochen der neuen Ernährung wie von selbst. Und nicht nur das: Zahlreiche Wehwehchen wie dauernde Erkältungen, Mittelohr- und Nasennebenhöhlenentzündungen sowie Empfindlichkeit gegenüber kaltem Wetter verschwinden. Zucker füttert leider auch krankheitsverursachende Bakterien, und so können sich diese viel besser in den Atemwegen ansiedeln, wenn viel Zucker von den Kindern konsumiert wird. Das gilt natürlich genauso für Erwachsene …

Der Duft von frischen Walderdbeeren

Zucker ist in den Waldfrüchten in ein viel komplexeres Umfeld von wertvollen Nahrungsstoffen eingebettet als zum Beispiel in einem süßen Riegel, wo er schon fünfzig Prozent des Gesamtvolumens einnehmen kann. Neben Ballaststoffen und Antioxidantien enthält eine Walderdbeere Hunderte von verschiedenen Aromen, die nicht nur lieblich auf die Nase einwirken. Wenn Sie schon einmal den Geruch von frischen Walderdbeeren mit dem von Gartenerdbeeren verglichen haben, dann wissen Sie, was ich mit »lieblich« meine.

Neue Forschungen haben gezeigt, dass eine Vielzahl von Körperzellen Geruchsrezeptoren besitzt[22], die auf Gerüche aus der Umwelt ansprechen. Unser Körper nimmt also Gerüche nicht

Heimische Walderdbeeren sind unvergleichlich in Aroma und Geschmack und voller wertvoller Inhaltsstoffe.

nur über die Nase wahr, sondern über viele Zellen, die mit der sinnlichen Duftwahrnehmung gar nichts zu tun haben. Während in der Riechschleimhaut der Nase jedoch immer ein Geruchseindruck durch diese Duftrezeptoren ausgelöst wird, haben sie in den Körperzellen wesentlich vielseitigere Funktionen. So kann Veilchenduft Zellwachstum oder Zellwachstumshemmung auslösen, je nachdem, ob er an der Netzhaut des Auges oder an Pigmentzellen wirkt. Sandelholzduft fördert nachweislich die Wundheilung und das Haarwachstum, und es hemmt die Vermehrung von Leukämiezellen, einer Form von Blutkrebs. Duftrezeptoren hat man auch im Fettgewebe gefunden, wo sie das Körpergewicht beeinflussen können, und auch im Herz und in den Nieren, wo sie mit der Regulation des Blutdrucks in Ver-

Nicht nur die Nase, auch unsere Haut und viele Zellen können »riechen« und werden durch geeignete Duftstoffe positiv beeinflusst. Riechspiele ermöglichen es Kindern, mit der Welt der Düfte vertraut zu werden, und verankern Erinnerungen, die ein Leben lang nachwirken werden.

bindung stehen. Die Forschung hat diese körpereigenen Duftrezeptoren erst vor wenigen Jahren entdeckt und steht noch ganz am Anfang. Von 350 bekannten Duftrezeptoren sind erst fünfzig genauer untersucht. Es tut sich hier ein neues Feld für die therapeutische Anwendung ätherischer Öle und anderer Duftstoffe auf, das weit über die Physiologie des Riechens hinausgeht[22].

Zur Anregung des Geruchssinns können wir mit Kindern zum Beispiel verschiedene Bäume beschnuppern: vom Erdboden den Stamm entlang bis zu den feinen Ästen und Blättern oder Nadeln, die wir erreichen können. Mit verbundenen Augen und Unterstützung durch einen Partner/eine Partnerin kann daraus ein Spiel werden, den Baum am Geruch zu erraten. Vor dem Preisschnuppern holen wir alle noch dreimal tief Luft durch

die Nase, sodass die Atemwege mit frischer Luft versorgt werden. Nadelbäume wie Fichten, Tannen, Lärchen und Kiefern riechen schon einmal wesentlich harziger und würziger als die meisten Laubbäume. Eichen riechen herb, Linden verströmen einen lieblichen Geruch, besonders wenn sie blühen. Buchen haben einen charakteristischen, ebenfalls eher herben Geruch. Kinder dürfen die Unterschiede in ihren eigenen Worten beschreiben und sollen erraten, welcher Baum vor ihnen ist. Gerne dürfen sie mit dem Tastsinn an Rinde und Blättern nachhelfen, wenn das Riechen allein nicht zum Ziel führt.

Wie alles im Leben lässt sich der Geruchssinn trainieren. Sommeliers (Weinspezialisten) und Parfümeure wissen das und legen großen Wert darauf, ihre Nase nicht mit zu starken und insbesondere synthetischen Gerüchen zu verderben.

Durch den Aufenthalt in den differenzierten und sanften Gerüchen des Waldes wird der kindliche Geruchssinn sensibilisiert. Die Kinder lernen, bestimmte Gerüche bestimmten Pflanzen oder Tieren zuzuordnen. Forscher der Universität Graz konnten 2015 zeigen, dass sogar das olfaktorische Zentrum im Gehirn, das für die Verarbeitung der Gerüche zuständig ist, durch Geruchstraining komplexer und besser vernetzt wird[23]. Durch das Riechtraining konnten Menschen, bei denen das Riechvermögen schon stark beeinträchtigt war, wieder einen verbesserten Geruchssinn erzielen – und damit wahrscheinlich eine höhere Lebenserwartung.

Leider werden unser komplexer Geruchssinn und wahrscheinlich auch die Duftrezeptoren des Körpers von der Scheinwelt chemischer Düfte immer öfter getäuscht. Erdbeeraroma, das zwar vom Geschmack bei Weitem nicht an Walderdbeeren heranreicht, kann man auch aus Stoffen synthetisieren, die in Sägespänen enthalten sind. Früher mussten solche Aromen, wenn sie chemisch ähnlich gebaut waren wie die Naturaromen, als »naturidente Aromen« auf der Packung von Nahrungsmitteln deklariert werden. Ein gewiefter Konsument wusste dann sofort: »Vorsicht, künstliche Aromen!« Aus unerfindlichen Gründen hat sich die EU entschlossen, diese Deklaration vor einigen Jahren umzuwandeln in: »natürliche Aromen«. Damit wird dem Konsumenten die Möglichkeit genommen, hinter die Fassade der Nahrungsmittelindustrie zu blicken und die Täuschung durch synthetische Aromen zu durchschauen. Sie können jedoch davon ausgehen, dass die Deklaration auf der Joghurtverpackung »mit natürlichen Aromen« heute gleichbedeutend ist mit dem Zusatz synthetischer oder teilsynthetischer Aromen. Es ist bezeichnend, dass sich der langjährige Chef eines internationalen Nahrungskonzerns, der beruflich alles dafür getan hat, um Nahrungsmittel noch billiger und mit besonders viel Zucker herzustellen – und damit weniger natürlich zu machen – in seiner Rente offensichtlich den Herzenswunsch seines Lebens erfüllt hat: Er bewirtschaftet nun einen Biobauernhof in Österreich.

Die Romantik des Lagerfeuers

Die ersten Feuerstellen, die man im Süden Afrikas, in der Heimat des modernen Menschen, sicher datieren kann, sind etwa eine Million Jahre alt[24]. Erst seit etwa 300 000 Jahren sind Fossilien von *Homo sapiens* nachgewiesen[25]. Es müssen also frühere

Ein Lagerfeuer ist ein unverzichtbares Erlebnis für Kinder und Jugendliche, das an frühere Zeiten der Menschheit erinnert. Hier wurden Geschichten erzählt und Gemeinschaften gebildet.

Menschen, wahrscheinlich vom Typ *Homo erectus*, gewesen sein, von denen das Feuer gezähmt und damit eines der wesentlichen Unterscheidungsmerkmale zwischen Mensch und Tier errungen wurde. Das bahnbrechende Ereignis der Zähmung des Feuers hat so viele Sagen und Geschichten in den verschiedensten Kulturen hervorgebracht, vom alten Griechenland bis zu den Indianern Nordamerikas, wie kaum ein zweites Ereignis der Menschheitsgeschichte.

Seit mindestens einer Million Jahren also haben Menschen ihre Abende an Lagerfeuern verbracht, sich Geschichten erzählt, Nahrungsmittel gebraten oder gekocht und sich dann in der Nähe des Feuers, geschützt vor wilden Tieren, die das Feuer fürchten, ein Nachtlager bereitet. Aufzeichnungen, die bereits in den 1970er-Jahren bei den !Kung-Buschleuten (Bitte sprechen Sie einen Schnalzlaut vor dem Kung, dann kommen Sie an die richtige Aussprache heran) in der Kalahari Wüste gemacht wurden, zeigen, dass die Gesprächsthemen am Lagerfeuer am Tag und bei Nacht ganz unterschiedlich waren. Während tagsüber über wirtschaftliche Dinge gesprochen sowie Tratsch ausgetauscht wurde, rückten die Buschleute am Abend zusammen und erzählten sich nach Sonnenuntergang spannende Geschichten. Die emotionale Verbindung der Menschen scheint nach Einbruch der Dunkelheit größer gewesen zu sein. Die !Kung galten in ihrer Lebensweise, solange sie traditionell lebten, dem frühen Menschen besonders nahestehend. Wissenschaftler vermuten auch, dass die eindrucksvolle Höhlenbemalung, die man in der Sahara gefunden hat, von frühen Verwandten der !Kung-Buschleute geschaffen wurde[26].

Was gibt es Schöneres als ein gemeinsames Essen am Feuer, nachdem man durch den Wald gestreift ist (Waldschule »LiberSchool« im Piemont).

Man nimmt an, dass die Entwicklung der menschlichen Sprachen ganz wesentlich von dieser Zeit am Lagerfeuer geprägt worden ist, die in der alten Heimat der Menschheit in Äquatornähe eine Nutzung von vier sonst stockdunklen Nachtstunden für Gespräche ermöglichte. Feuer war für die Entstehung des modernen Menschen auch aus anderer Hinsicht von allergrößter Bedeutung. Wir wissen heute, dass erst die Aufbereitung der Nahrung durch das Lagerfeuer die Ausbildung unseres großen Gehirns ermöglicht hat, weil dem Menschen dadurch ein großer Teil der monotonen Kautätigkeit, die man bei pflanzenfressenden Affen heute noch findet, erspart wurde.

Diese archaische Zeit kann Ihre Familie ein wenig nacherleben, wenn sie gemeinsam an einem Lagerfeuer sitzt. Leider ist heute der Wald mit wenigen Ausnahmen nicht mehr gut geeignet für ein Lagerfeuer, da die Gefahr des Waldbrandes, vor allem in Trockenzeiten, zu groß ist. Sie können dieses Gesellschaftsereignis jedoch mit den Kindern in den eigenen Garten verlegen, wenn Sie über einen solchen verfügen. Vielleicht gibt es auch eine öffentlich zugängliche, befestigte Feuerstelle oder eine Feuerschale, an der Sie ein Lagerfeuer gefahrlos entzünden können. Ein brennendes Feuer ist, auch für Kinder, besser als jeder Fernsehbildschirm. Die schlängelnden Zungen des Feuers regen die Fantasie an, und mit kleinen Ästchen können Kinder am Feuer spielen, wenn die Eltern sie gut beaufsichtigen.

Wenn Sie einen eigenen Garten besitzen, können Sie sich selbst eine befestigte Feuerstelle anfertigen. Es macht Sinn, Steine in der Mitte kreisförmig auszulegen, sodass der Feuerplatz begrenzt wird. Rundherum kann aus Stammabschnitten von Bäumen und Brettern eine ringförmige Sitzgelegenheit errichtet werden, damit man nicht auf dem Boden sitzen muss. Eine solche Feuerstelle bewährt sich ausgezeichnet, um zum Beispiel an besonderen Tagen des Jahres wie den Sonnenwenden schnell und einfach ein sicheres Feuer machen zu können. Löschen Sie das Feuer, bevor sie weggehen, unbedingt aus, oder bleiben Sie, bis es heruntergebrannt ist. Der Wind kann brennende Holzkohlestückchen durch die Luft tragen und ein Feuer wieder entfachen, das Sie schon erloschen wähnten. Unbeaufsichtigt kann daraus eine große Gefahr entstehen.

Das Entzünden des Feuers erfolgt immer nach folgendem Prinzip: leicht brennbare Sachen nach unten und schwerer brennbare darüber. Man beginnt also zum Beispiel mit getrocknetem Laub oder dünngeschnittener Birkenrinde (die übrigens sogar in feuchtem Zustand brennt), falls man eine umgefallene Birke findet. Niemals, außer in äußersten Notsituationen, darf man Rinde von noch lebenden Bäumen abschälen, da dies eine dramatische Verletzung der Bäume darstellt. Darauf werden Ästchen aus getrocknetem Holz gelegt, wobei zum Beispiel dürre Ästchen von Fichten, Tannen oder anderen Nadelbäumen aufgrund des Harzgehaltes sehr gut brennbar sind. Erst dann folgen größere Ast- oder Holzstückchen.

Bei den Indianern und anderen Naturvölkern war es üblich, nur sehr kleine Feuerchen zu machen und keinen riesigen Scheiterhaufen zu entzünden. Diese Sparsamkeit macht besonders in Zeiten des Klimawandels absolut Sinn.

Wenn das Feuer direkt in der Natur angefacht wird, ist es auch angebracht, ein kleines Stück Rasen aus dem Boden auszuheben und an dieser Stelle das Feuer zu entzünden. Nach Beendigung wird das Stück Rasen wieder eingesetzt und im Idealfall kann zumindest ein Laie nicht feststellen, dass hier vor einigen Stunden ein Feuer gebrannt hat. Die Asche des Feuers düngt dann das Rasenstück, das vorher entfernt worden ist. Solch achtsamer Umgang mit der Natur kann auch mit Kindern geübt werden. Er gibt ihnen ein Bewusstsein für die Sorgfalt, mit der wir Menschen mit der Erde umgehen sollten.

Wie die Menschen zum Feuer kamen

In fast allen Kulturen der Menschheit gilt das Feuer als heilig. In der vedischen Tradition der frühen Inder spielt der Feuergott *Agni* eine ganz zentrale Rolle. Im *Agni Hotra* wird diesem Gott jeden Morgen zu Sonnenaufgang und jeden Abend zu Sonnenuntergang ein Feueropfer dargebracht. *Ignis,* das lateinische, und *ogon,* das russische Wort für Feuer, zeugen heute noch von der etymologischen Verwandtschaft der indoeuropäischen Sprachen und erinnern an den Feuergott *Agni.*

Eine besonders vielschichtige Sage der griechischen Mythologie beschreibt, wie Prometheus den Menschen das Feuer bringt:

Prometheus, der Feuerbringer

Göttervater Zeus hatte die alten Götter, die Titanen, besiegt und zerstückelt, und nun walteten die neuen griechischen Götter auf der Erde. Himmel und Erde waren geschaffen und die Welt mit Fischen, Vögeln und Säugetieren besiedelt, aber ein besonders gescheites Wesen fehlte noch zur Vollkommenheit der Welt. Prometheus, »der Vorausdenkende«, ein weiser Titan, hatte sich rechtzeitig Zeus angeschlossen, weil er in die Zukunft blicken konnte und so den Sieg von Zeus vorhergesehen hatte. Aus einer Tonkugel und aus Wasser des Lebensflusses Lethe knetete und formte er Figuren in der Form der Götter, die ersten Menschen. Um diesen Menschenformen Leben zu verleihen, nahm Prometheus gute und böse Anteile von Tierseelen und schloss sie in ihre Brust ein, weshalb wir heute auch gute und böse Anteile in jedem von uns finden.

Athene, die Göttin der Weisheit, die Prometheus insgeheim bewunderte und ihn bei seinem Werk beobachtete, half nun ein wenig nach und hauchte den neuen Wesen Geist und (leider nicht sehr viel) Weisheit ein. Da die jungen Menschen noch sehr unbeholfen waren und nicht so richtig wussten, was sie mit ihrem neuen Leben anfangen sollten, lehrte Prometheus seine Geschöpfe geduldig: über den Gang der Gestirne, die Kunst des Erzählens und die Buchstabenschrift. Auch die Zähmung der Tiere, die Heilmittel und den Bergbau brachte der Titanensohn den Menschen bei.

Bald wurden die neuen Götter und ihr Herrscher Zeus auf die Menschen aufmerksam, und sie waren gar nicht erfreut über das, was Prometheus geschaffen hatte. Prometheus hatte noch dazu kurz davor bei einem Tieropfer an die Götter geschummelt

Prometheus bringt dem Menschen das Feuer. Ähnliche Sagen kommen in vielen Kulturen vor.

und Zeus den größeren Haufen mit den Knochen anstelle der Fleischstücke zugespielt, was Zeus gar nicht goutierte. Deshalb überredete Zeus die anderen Götter, den Menschen das Wichtigste zu versagen, das sie zu vollwertigen Menschen gemacht hätte: das Feuer.

Doch wieder wusste Prometheus Rat: Obwohl strengstens verboten, holte er mit einem getrockneten Riesenfenchel Feuer von der ewigen Flamme der Götter und brachte es den Menschen. Als Zeus dies erfuhr, wurde er fuchsteufelswild und rächte sich fürchterlich. Angeschmiedet mit skythischen Eisenketten an einen Felsen des Kaukasus musste Prometheus von nun an verharren: aufrecht, schlaflos und ohne Trost. Jeden Tag besuchte ihn auch noch ein Adler, von Zeus geschickt, der die Leber aus seiner Brust hackte, die sich noch dazu immer wieder wunderbar erneuerte.

Erst dreißig Jahre später erbarmte sich Herakles, der Halbgott und Held, des armen Prometheus und erlegte den Adler mit einem Pfeilschuss. Dann befreite er Prometheus von seinen Fesseln. Nicht ganz allerdings, denn um Zeus nicht zu sehr zu vergrämen, musste Prometheus ein kleines Stück Fels des Kaukasus für immer geschmiedet an einen Ring an seinem Handgelenk tragen. So konnte Zeus immer behaupten, dass sein Widersacher Prometheus für ewig an den Felsen des Kaukasus geschmiedet sei.

Auch den Menschen ließ Zeus ein »Andenken« an den Ungehorsam des Prometheus zukommen: Pandora, die »Allgebende«, eine wunderschöne Frauengestalt, vom Götterschmied Hephaistos aus Lehm geschaffen, wurde zu ihnen geschickt. In ihrer Büchse lauerten alle Übel der Welt, jedoch auch die Hoffnung. Trotz der Warnung durch Prometheus wurde die Büchse geöffnet und Krankheiten, Tod und Leiden schlüpften heraus und quälen seitdem die Menschheit. Nur die Hoffnung blieb zunächst in der Büchse, was die Sache noch schlimmer machte. Damit die Menschheit nicht völlig verzweifelte, wurde schließlich auch die Hoffnung herausgelassen. So hatten die Menschen zumindest ein wenig Trost.

Māui bringt den Menschen das Feuer

Auf der gegenüberliegenden Seite der Erde, in Neuseeland und Ozeanien, hält sich eine ähnliche Geschichte von einem Wesen, das den Menschen das Feuer gebracht hat, nachdem es dieses von seiner Großmutter gestohlen hat: Māui heißt der Prometheus der pazifischen Inseln, stark und listig wie sein europäischer Geistesverwandter und den Menschen sehr zugetan.

Nach der Tradition der Māori, der Ureinwohner Neuseelands, hat er beim Fischen aus einem Kanu die Südinsel und aus einem großen Fisch die Nordinsel Neuseelands geschaffen. Weil sein Vater ihn nicht richtig getauft hatte, wurden er und die gesamte Menschheit von den anderen Göttern mit der Möglichkeit des Todes bestraft.

Māui brachte den Menschen auch den ersten zahmen Hund, und er verlangsamte erfolgreich die Sonne, weil diese zu schnell auf- und unterging und der zu kurze Tag den Menschen keine Zeit für die Feldarbeit ließ.

In einer der polynesischen Erzähltraditionen wanderte Māui zu seiner Großmutter, der Feuergöttin, auf der Suche nach dem Ursprung des Feuers. Māui fand sie in einer Höhle am Fuß eines Vulkans am Ende der Welt. Ihre Fingernägel waren Flammen und Māui konnte sie, eine nach der anderen, an sich nehmen. Die Großmutter ärgerte sich fürchterlich über den Diebstahl und warf ihm den letzten Fingernagel nach, der im Holz von bestimmten Bäumen stecken blieb. Māui trocknete die Hölzer und brachte sie zu den Menschen. Dann zeigte er ihnen, wie man daraus Feuer bohren konnte. Seit diesem Zeitpunkt nutzen alle Polynesier die Hölzer des Māui, die besonders gut zum Feuerbohren geeignet sind.

Da er so viel für die Menschen getan hatte, glaubte Māui schließlich, dass er für sich und die Menschen das ewige Leben von Hine-nui-te-pō, der »Großen Frau der Nacht«, die die Seelen der Menschen erwartete, wenn sie starben, zurückholen konnte. Trotz großer List, die er anwendete, wurde er jedoch im Körper der Nachtgöttin zermalmt und starb als erster Mann. Heute lebt er nur noch in den Namen der Māori und in der Mythologie der polynesischen Insulaner weiter, wo auf verschiedenen Inseln noch immer am Lagerfeuer die Heldengeschichten Māuis erzählt werden.

In Hawaii und auf vielen polynesischen Inseln werden heute noch Feuertänze zu Ehren von Māui durchgeführt, der den Menschen der Sage nach das Feuer brachte und dafür von den Göttern bestraft wurde.

Sinnesschulung und Achtsamkeit Riechen – Kinder lieben Düfte

Bereits ab der 22. Schwangerschaftswoche beginnt sich beim ungeborenen Kind der Geruchssinn zu entwickeln. Schon im Mutterleib riechen daher Kinder, was Mama gegessen hat oder was im Umfeld von Mama duftet.

Ganz wichtig ist es daher, in dieser sensiblen Zeit auf künstliche und zu starke Geruchsstoffe zu verzichten, wie sie in mo-

Die Obstbäume unserer Wälder, wilde Äpfel, Birnen, Mispeln, Kirschen und Schlehen, gehören zur Familie der Rosengewächse, die uns durch ein besonderes Dufterlebnis im Frühling erfreuen.

dernen Deodorants und Parfums leider enthalten sind, um den kindlichen Geruchssinn nicht zu überfordern. Denn wie alle Sinne trainiert er ab dieser Zeit die Verbindung zur Außenwelt.

Der Geruchssinn ist neben dem Tastsinn einer von beiden Sinnen, mit denen sich das kleine Kind nach der Geburt als Erstes in der Welt orientiert. Beide Sinne zählen zu den sogenannten »Nahsinnen«, mit denen die Welt zunächst erforscht wird, im Gegensatz zu den Fernsinnen wie Gehör und Sehsinn. Der Geruch von Mamas Brust löst beim Säugling Hunger aus und führt in der frühesten Zeit zur Nahrungsquelle. Gleichzeitig beruhigt Mamas Geruch den Säugling und hilft beim Einschlafen.

Gerüche sprechen wie kein anderer Sinnesreiz direkt zu unseren Empfindungen und Gefühlen, die im Zentrum unseres Gehirns in unserem limbischen System verarbeitet werden. Der Geruchsnerv zieht von der Nase direkt ins Gehirn. Er ist der kürzeste Sinnesnerv unseres Körpers. Damit stellt er auch die kürzeste Verbindung zwischen der Außenwelt und unserem Gehirn dar. Emotionen, die wir beim Riechen eines Stoffes hatten, werden wieder hervorgerufen, wenn dieser Geruch uns das nächste Mal erreicht[27].

Schon ab dem fünften Lebensjahr zeigen Kinder die Verbindung von Gerüchen mit Emotionen: Wurde den Kindern Rosenduft angeboten, wählten sie unmittelbar danach eher Gesichter mit freundlichem Ausdruck, wenn sie sich zwischen zwei Gesichtern entscheiden konnten. Bei Fischgeruch wurden klar grimmige oder angeekelte Gesichter bevorzugt[28]. Vor dem fünften Lebensjahr hatte der Begleitgeruch jedoch keinen Einfluss auf die Bevorzugung bestimmter Gesichtsausdrücke durch die Kinder.

Wie bei allen anderen Sinnen ist es wichtig, achtsam mit unserem Geruchssinn umzugehen. Über viele Jahrtausende waren Gerüche der Natur die einzigen, die unsere Vorfahren erlebten: den Duft von Äpfeln und anderen frischen Früchten, den herben Duft von Rinde und Erde, den Geruch anderer Menschen und den von Tieren. Natur riecht fast nie so stark wie die künstlichen Aromen, von denen wir heute leider in vielfacher Weise umgeben sind. Es wäre schade, wenn die zarten und differenzierten Gerüche der natürlichen Dinge von jungen Menschen nicht mehr unterschieden werden könnten, weil sie von den brachialen Gerüchen der Chemie überdeckt werden.

Bei Tieren ist der Geruch ein wichtiger Teil der Kommunikation. Hunde und Katzen beschnuppern einander, bevor sie miteinander näher in Kontakt treten, und sie können den Gesundheitszustand des anderen Tieres auf diese Weise sofort erkennen. Hunde können beim Menschen durch Schnüffeln an einer Probe eine COVID-19-Erkrankung feststellen[29, 30], und das binnen weniger Sekunden mit Empfindlichkeit und Genauigkeit vergleichbar mit Labortests[31]. Man nennt das *Medical Detection*. Erstaunlich, dass diese preiswerte, schnelle und anscheinend genauso sichere Methode nur in Ländern wie Finnland und Singapur anstelle der teuren, unsicheren und langwierigen PCR-Tests genutzt wird, die derzeit von der Diagnostik-Industrie in Milliardenauflage angeboten werden. Auch Krebserkrankungen[32], Diabetes und andere Erkrankungszustände können von Hunden mit dem Geruchssinn erstaunlich sicher festgestellt werden.

Bienen haben einen noch empfindlicheren Geruchssinn als Hunde. Ein holländisches Start-up arbeitet derzeit daran, Bienen als lebenden Schnelltest für Covid-19 zu dressieren[33]. Wenn sie einige Male Covid-19-Geruch in Verbindung mit Zuckerwasser präsentiert bekommen haben, so fahren sie den Rüssel aus, und zwar auch dann, wenn ihnen Covid-19-Geruch ohne Zucker angeboten wird. Der identifizierte Geruch entsteht wahrscheinlich nicht durch das Virus, sondern durch Stoffwechselprodukte von Zellen, die mit den Viren infiziert sind.

Wenn ein Hund eine Fährte aufnimmt, so können wir beobachten, wie er dabei schnüffelt, das heißt, rasch durch die Nase ein- und ausatmet. Diesen Trick können auch wir verwenden, um besser riechen und

Gerüche unterscheiden zu können: Wenn Sie mit einem Kind den Duft einer Blume riechen wollen, probieren Sie es einmal beide mit und ohne Schnüffeln. Der Geruch ist wesentlich intensiver und differenzierter, wenn man ihn schnüffelnd einatmet. Beim Schnüffeln werden die Geruchsmoleküle besser auf den fünf Quadratzentimetern Riechschleimhaut verteilt, die in unserer Nasenhöhle mit Millionen von winzigen Riechzellen besetzt sind.

Von der Musik weiß man, dass Menschen Klänge besser unterscheiden können als einzelne Töne. Klänge sind zusammengesetzte Töne aus Grundton und Obertönen in harmonischen, ganzzahligen Verhältnissen zueinander. Es handelt sich dabei um eine sogenannte Gestaltwahrnehmung, die für lebende Organismen wesentlich besser funktioniert als die Unterscheidung einzelner Komponenten. Hier unterscheidet sich das lebende Sinnesorgan von einem toten Laborgerät, das mit isolierten Tönen besser umgehen kann. Das gleiche Phänomen hat man kürzlich für Düfte festgestellt. Eine komplexe Mischung verschiedener ähnlicher Substanzen wird deutlich besser erkannt als die chemisch reinen Einzelsubstanzen[34].

Einer der Studienautoren, Thomas Nowotny von der University of Sussex, meint dazu, dass unsere Geruchsorgane eher auf ganzheitliche Wahrnehmungen ausgelegt sind, als auf die analytische Zerlegung von Düften[34]. Diese Komplexität gibt unseren Sinnen Sicherheit. Einzelne Stoffe wirken eher verwirrend und entziehen uns den Sinn für Realität. Diese Erkenntnisse haben große Auswirkungen auf unser Verständnis von einem lebenswerten und als sicher wahrgenommenen Umfeld. Unser Orga-

Natürliche ätherische Öle sind aus Hunderten von Einzelsubstanzen zusammengesetzt und bieten wesentlich komplexere Geruchserlebnisse als künstliche Aromen, die meist nur wenige Substanzen aus der Chemie enthalten.

nismus ist nicht dafür gebaut, sich mit chemisch reinen Substanzen zu umgeben, sondern dafür, von komplexen Eindrücken, wie die Natur und im Speziellen der Wald sie uns bieten, umgeben zu sein. Möglicherweise erklärt dies auch die Hinwendung vieler Menschen zur Naturmedizin, die uns solche komplexen Eindrücke durch die Welt der Pflanzen oder die Anwendungen von Naturheilmitteln gibt. Die pharmazeutische Medizin strebt dagegen – auch in ihren Qualitätssicherungsprozessen – zu immer stärker gereinigten und isolierten Stoffen, was trotz scheinbar verbesserter Hygiene eine Vielzahl von Problemen nach sich zieht[35].

»Mutter Erde«, unser Heimatplanet, wird von renommierten Wissenschaftlern wie James Lovelock als lebender Organismus angesehen, der selbstregulierende Fähigkeiten besitzt und damit über viele Jahrmillionen die Entwicklung und Ausbreitung von organischem Leben ermöglicht hat.

Im Wald finden Kinder eine Vielzahl von komplexen Gerüchen vor, die ihren Geruchssinn ausbilden und trainieren und ihren Sinnen Sicherheit geben: den harzigen Geruch von Nadelbäumen, die herben Blätter der Buche, den erdigen Waldboden, den charakteristischen Geruch von Pilzen, die süßen Düfte der Lindenblüten und der Vogelkirsche und vieles andere mehr, das uns mit den Lebewesen des Waldes verbindet. Jeder dieser Gerüche besteht aus einer Vielzahl von Einzelsubstanzen, die die Natur im Laufe von Jahrmillionen entwickelt hat. Es sind gestalthafte Duft-Gesten, mit denen sich Bäume untereinander und mit den Lebewesen, die sie umgeben, verständigen. Es ist die komplexe Sprache der Gerüche des Waldes, die in ihrer Faszination

Archetypen in uns anspricht, die eine rein technische Zivilisation mit ihren Erzeugnissen nicht nähren und befriedigen kann. Natur ist für uns, wie in den Naturreligionen nachvollziehbar, eine vertraute Mutter, die technische Zivilisation und Chemie dagegen in manchen Bereichen ein merkwürdiger Onkel.

Obwohl wir nicht so gut und differenziert riechen können wie Hunde, ist der menschliche Geruchssinn trotzdem erstaunlich leistungsfähig. Und so wie Hunde aus den Markierungen auf Bäumen auf das Alter und den Gesundheitszustand ihres zuvor vorbeigekommenen Artgenossen schließen können, stimmt uns unser Geruchssinn auf die Atmosphäre des Waldes ein und sagt uns – auch wenn uns das nicht immer bewusst ist –, ob wir in Sicherheit sind oder ob uns Gefahr droht.

So haben Menschen, bei denen der Geruchssinn stark vermindert ist, ein vierfach höheres Risiko zu sterben. Statistisch gesehen war der Verlust des Geruchssinns aussagekräftiger für die weitere Lebenserwartung von über 3000 Menschen zwischen 57 und 85 Jahren in einer US-amerikanischen Studie als eine bestehende Herz- oder Lungenerkrankung[36]. Offensichtlich warnt uns der Geruchssinn vor ungesunder Ernährung und hilft uns, das für uns jeweils Gesunde auszuwählen. Und natürlich kann die Nase lebensrettend sein, wenn ein verdächtiger Brandgeruch frühzeitig erkannt wird.

Nicht nur Menschen oder Säugetiere sprechen auf Gerüche des Waldbodens an, auch kleinste Lebewesen werden von ihnen angezogen oder abgestoßen. So fand ein schwedisches Forscherteam heraus, dass sogenannte Springschwänze, mikroskopisch kleine Lebewesen und Cousins der Insekten, die für die Lockerung des Bodens von großer Bedeutung sind, von bestimmten

Der Waldboden ist voller kleiner Lebewesen, die für Durchlüftung, Aufarbeitung von toten Blättern und neues Leben sorgen. Dieser Springschwanz ist ein kaum sichtbarer, aber ganz wichtiger »Waldarbeiter«, dessen Lieblingsspeise Aktinobakterien sind, mit denen er in Symbiose lebt.

Gerüchen angelockt werden[37]. Die Produzenten des spezifischen Bodengeruchs sind weitestgehend die chemischen Meister des Lebens: Bakterien und Pilze. Geosmin ist so ein spezieller Geruchsstoff des Bodens, den Sie alle schon gerochen haben. Es ist der Duft, der sich einstellt, wenn es zu regnen beginnt. Wir riechen ihn, wenn frischer Regen auf die Erde fällt und das von Aktinobakterien erzeugte Geosmin aufgewirbelt wird und unsere Nase erreicht. Forscher konnten mit mikroskopisch kleinen Elektroden sogar elektrische Impulse zwischen den Antennen der Springschwänze nachweisen, die jedes Mal dann auftraten, wenn den Tieren der Geruch von Geosmin angeboten wurde. Insekten und Spinnen fanden Geosmin jedoch nicht so attraktiv. Die Aktinobakterien, die diesen Geruchsstoff erzeugen, sind das Lieblingsfutter der Springschwänze. Die Forscher nehmen an, dass die Springschwänze, die, wie der Name schon andeutet, sehr beweglich im Boden sind, im Gegenzug für die Verbreitung der Bakteriensporen sorgen. Die Bakterien erzeugten nämlich besonders viel Geosmin, wenn die Zeit für eine Sporenbildung – das entspricht der Wurfzeit bei höher entwickelten Tieren – gekommen war. Wieder ein Beispiel von Kooperation und Zusammenspiel von Lebewesen auch in kleinster Dimension. Ein ungeheurer Dschungel und ein Netzwerk von Leben breiten sich da unter unseren Füßen aus, ohne dass wir davon auch nur die geringste Ahnung haben.

Terpene, ätherische Öle, Harze

Was wir im Wald etwa als Harz von Nadelbäumen wahrnehmen, ist eine vielfältige Mischung verschiedenster Stoffe, von Terpenen, Gummi und ätherischen Ölen, die jeweils mit ihrem Geruch zum Gesamteindruck beitragen. Nadelbäume, die es vielleicht schon seit 300 Millionen Jahren, sicher jedoch seit 130 Millionen Jahren gibt[38], haben in dieser Zeit Möglichkeiten entwickelt, potenzielle Krankheitserreger so zu beeinflussen, dass sie nicht mehr schädlich für sie sind. Ätherische Öle, die in diesen Harzen enthalten sind, haben nämlich die Eigenschaft, überaktive Gene in schädlichen Bakterien zu beruhigen[35]. Dadurch werden aus gefährlichen ungefährliche Mikroorganismen – eine wunderbare Strategie, die wir auch für die Medizin beim Menschen anwenden könnten. Ein weiterer Vorteil dieser »gewaltarmen« Strategie der Bäume: Es wird kein Selektionsdruck auf die Bakterien ausgeübt, der dazu führen würde, dass nur resistente Keime übrigbleiben, alle nichtresistenten jedoch ausgelöscht werden[39]. Tatsächlich sprechen manche Forscher in Zusammenhang mit den ätherischen Ölen von den »Antibiotika der Zukunft«.

Im Gegensatz zu den pharmazeutischen Einstoff-Antibiotika, die ursprünglich aus Pilzen gewonnen wurden und Bakterien abtöten, beherrschen Bäume nämlich in erstaunlicher Weise die Vielstoffchemie[39]. Viele einzelne, chemisch verwandte Terpene arbeiten zusammen und bewirken die oben beschriebene Hemmung von schädlichen Mikroorganismen. Dadurch ist eine Resistenzbildung praktisch nicht möglich, da Bakterien durch zufällige Mutationen jeweils nur *eine* Resistenz gegen *einen* Stoff entwickeln, nicht aber gleichzeitig gegen viele, ähnlich wirkende Stoffe resistent werden können. Wie die Geschichte der Medizin gezeigt hat, sind inzwischen viele Einstoff-Antibiotika und -Wirkstoffe durch Resistenzbildung unwirksam geworden. Da diese Resistenzbildung vor allem in Krankenhäusern stattfindet, spricht man von Krankenhauskeimen. Ein weiterer Ort der Resistenzbildung sind Massentierzuchtanstalten, die Unmengen Antibiotika gegen die immer wieder ausbrechenden Tierkrankheiten einsetzen und zudem die gewichtsfördernden Eigenschaften der Antibiotika nützen. Bäume und ihre ätherischen Öle könnten uns in Zukunft helfen, selbst die schwierigsten Krankenhauskeime in den Griff zu bekommen. Im renommierten Wiener Allgemeinen Krankenhaus werden tatsächlich bereits Patientinnen und Patienten begleitend mit ätherischen Ölen behandelt.

Da zahlreiche Studien heute zeigen, dass viele Krankheiten ungerechtfertigt mit Antibiotika behandelt werden, was bei Kindern etwa dazu führt, dass sie kein gesundes Mikrobiom im Darm aufbauen können, stellt sich die Frage, ob man nicht vieles lieber mit ätherischen Ölen behandeln sollte, was derzeit noch überwiegend mit Antibiotika behandelt wird. Gerade die frühe Gabe von Antibiotika hat umfangreiche Veränderungen des Mikrobioms im negativen Sinn zur Folge und zieht Stoffwechselkrankheiten im späteren Alter nach sich[40].

Nun werden Sie vielleicht fragen, was dieses Mikrobiom genau ist? Stellen Sie sich das als eine große Lebensgemeinschaft vor, ein riesiges fröhliches Dorf von nützlichen Mikroorganismen, die auf und in unserem Körper in Eintracht mit den körpereigenen Zellen leben. Schätzungen gehen davon aus, dass mindestens gleich viele, vielleicht sogar zehnfach mehr Bakterien-, Hefe- und Pilzzellen auf unserem Körper leben, als wir Zellen haben[41]. Diese Bewohner unseres gemeinsamen Körperdorfes haben Fähigkeiten, die unsere eigenen Zellen schon längst verloren haben: Sie können bestimmte Eiweiße herstellen, die wir unbedingt benötigen, ferner Vitamine und Abwehrstoffe, und sie erzeugen ein Milieu, in dem sich nur nützliche Mikroorganismen wohlfühlen. Während unsere eigenen Körperzellen nur etwa 23 000 Gene haben, mit denen sie verschiedene Stoffe aufbauen können, haben die Mikroorganismen unseres Mikrobioms geschätzt eine Million Gene zur Verfügung. Damit können Sie etwa fünfzigmal so viele Stoffe herstellen wie unser eigener Körper.

Es gibt keinen Bereich unserer Haut oder Schleimhaut, der nicht sein eigenes und charakteristisches Mikrobiom hat. Dieses ist bei jedem Menschen etwas verschieden, doch kann man bereits zwischen »gesunden« und »ungesunden« Mikroorganismengesellschaften unterscheiden[42]. Sehr hilfreich sind zum Beispiel die Milchsäurebakterien, die sowohl im Darm als auch auf der Haut des Menschen einen angenehmen Geruch und eine vor Krankheitserregern schützende Atmosphäre erzeugen. In der Nahrung finden wir sie in zahlreichen fermentierten Lebensmitteln wie zum Beispiel im Sauerkraut, im japanischen Miso, im koreanischen Kimchi sowie in anderen milchsauer fermentierten Gemüsen, die früher aufgrund ihrer Haltbarkeit sehr häufig Teil der Grundernährung der jeweiligen Bevölkerung waren. Solche milchsauer fermentierten Gemüse sind derzeit ein großer Renner in der Ernährung, und es gibt eine Reihe von Büchern, die die einfache Selbstherstellung dieser gesunden und wohlschmeckend Lebensmittel beschreiben[43, 44].

Im menschlichen Darm helfen diese nützlichen Wesen bei der Verwertung der Nahrung, bei der Erzeugung wichtiger Stoffe und beim Schutz der empfindlichen Darmschleimhaut gegenüber aggressiven Stoffen und krankmachenden Bakterien. Hier zeigt sich, dass besonders Kinder noch ein gesundes und wertvolles Mikrobiom aufweisen. So hat man festgestellt, dass Menschen mit stark überhöhtem Körpergewicht, die zu zahlreichen Erkrankungen neigten, durch eine »Mikrobiom-Spende« eines gesunden jungen Menschen von ihren Problemen geheilt werden konnten. Diese Übertragung des Mikrobioms wird derzeit intensiv erforscht und könnte Hilfe bei zahlreichen chronischen Erkrankungen bringen[45].

Geschädigt werden kann dieses wertvolle Darm-Mikrobiom durch Antibiotika sowie durch Zucker.

Wussten Sie, dass Glyphosat, jenes Gift, das in der Landwirtschaft noch immer zugelassen ist, obwohl seine Schädlichkeit

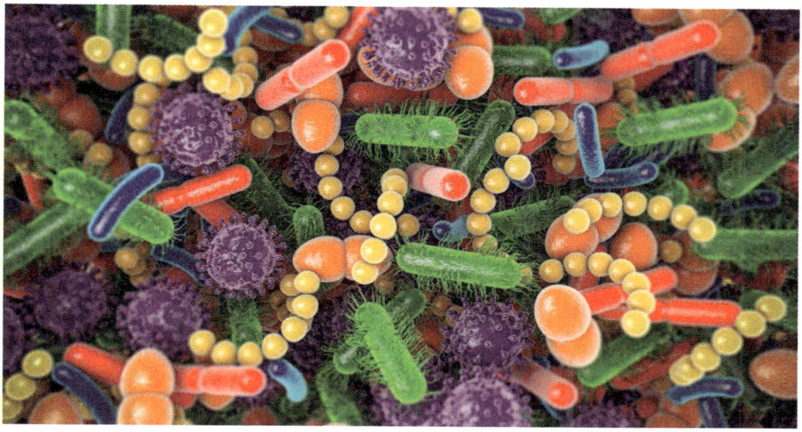

Kaum zu glauben, wie viele nützliche Bakterien und sogar Viren in unserem Körper und auf unserer Haut leben! Schon Goethe sagte, völlig richtig: »Kein Lebendiges ist ein Eins, immer ist's ein Vieles.« Erst durch das Zusammenwirken vieler Organismen können wir gesund bleiben.

allgemein bekannt ist, ursprünglich als Antibiotikum konzipiert worden ist? Also als ein Mittel gegen schädliche Bakterien. Da seine Nebenwirkungen beim Menschen so dramatisch waren, hat man dann nach einer anderen Anwendung gesucht. Glyphosat stört einen Stoffwechselweg, der nur bei Pflanzen und Mikroorganismen vorhanden ist, nicht bei Tieren. Da der Mensch zu den Säugetieren gehört und diesen Stoffwechselweg nicht besitzt, dachte man, Glyphosat könne gefahrlos als Herbizid (Pflanzenvertilgungsmittel) verwendet werden. Es zerstört allerdings nicht nur das für die Fruchtbarkeit wichtige Bodenleben, sondern auch die nützlichen und unbedingt notwendigen Mikroorganismen in unserem Körper. Wahrscheinlich ist das der Grund für die Schädlichkeit von Glyphosat auch für den Menschen.

Gemüsesticks anstelle von Süßigkeiten helfen Kindern, auf den gesunden Geschmack zu kommen. Auch als Reiseproviant für den Waldausflug sind sie, in Kombination mit einem guten Frischkäseaufstrich, bestens geeignet.

Zucker fördert schädliche Mikroorganismen im Darm, etwa Hefezellen, die dann ihre eigene Dynamik entwickeln. Sie benötigen für ihr Leben eine dauernde Zufuhr von Zucker. Kommt zu wenig Zucker bei ihnen an, so werden Stoffe produziert, die vom Menschen als sehr unangenehm empfunden werden. Diese Botenstoffe verursachen einen Hunger nach weiterem Zucker. Wird dieser gestillt, so senden die unwillkommenen Darmbewohner zunächst Wellen von angenehmen Botenstoffen aus, die allerdings nur so lange wirken, bis der nächste Zuckermangel auftritt. Ein Teufelskreis, der nach immer mehr Zucker verlangt. Aus diesem Grund ist es sehr sinnvoll, bei Kindern darauf zu achten, dass Zucker nicht zum Hauptinhaltsstoff ihrer Nahrung wird, was besonders schwerfällt, wenn man sich die Zutaten vieler Fertigprodukte ansieht. Da Zucker so gut schmeckt und heute sehr billig ist, wird er von Essiggurken über Gulasch bis zu Ketchup allem zugemischt, was sich irgendwie mit Zucker verträgt. Ganz zu schweigen von den süßen Limos, die teilweise hauptsächlich aus Wasser und Zucker bestehen. Wenn man Kinder gesund erhalten möchte, ist es daher sehr ratsam, von Anfang an auf äußerst sparsamen Zuckerkonsum zu achten und Zucker am besten nur in Form von Obst anzubieten.

Hier gilt auch, was man von anderen Lebensbereichen weiß: »Aus den Augen, aus dem Sinn.« Wenn am Esstisch vor der Hauptmahlzeit immer ein Teller mit frisch geschnittenen, appetitlich angerichteten Karotten- oder Kohlrabistiftchen oder Radieschen steht, so wird das hungrige Kind, wie auch der Erwachsene, eher dahin greifen, als mühevoll nach einem süßen Riegel zu suchen, den man ohnehin am besten im Geschäft gelassen hat. Ich habe sowohl am eigenen Leib wie auch bei meinen Kindern mehrfach erlebt, wie eine zuckerarme Ernährung gesund und eine zuckerreiche krank macht. Nachdem ich – damals als begeisterter Fan der österreichischen Dessertküche – jahrelang jedes Jahr mehrfach an hartnäckigen Erkältungen erkrankte, gab ich endlich den Zucker zugunsten gesünderer Lebensmittel auf. Heute esse ich hauptsächlich frisches Obst, wenn ich ein Bedürfnis nach Süßem verspüre. Etwa ein Jahr nach Ende der Zuckerernährung fiel mir der Verzicht deutlich leichter – das Mikrobiom hatte sich wohl umgestellt – und die Erkältungen verschwanden auf Nimmerwiedersehen. Auch bei meinen Kindern waren lange Zeit Erkältungen ein seltenes und wenn überhaupt ein sehr kurzfristiges Ereignis. Leider entschieden sie ab der Pubertät für eine Zeit lang, dass Zucker unbedingt zum Glück dazugehört, was mit einer Serie von Erkältungen einherging. Erst später besannen sie sich auf frühere Ernährungsregeln und sind seitdem wieder weitgehend erkältungsfrei.

Der verrückte Zuckerkonsum unserer heutigen Zeit wurde mitverursacht durch Korruption von maßgeblichen Experten der amerikanischen Regierung, die gleichzeitig zu ihrer Beratungs- und Entscheidungstätigkeit von der Zuckerindustrie bezahlt wurden. Um zu verhindern, dass die Schäden an kindlichen Zähnen durch Zucker zu deutlich sichtbar wurden, fluoridisierte man in den USA sogar das Trinkwasser. Fluor ist auch ein Nervengift, das schwerwiegende Nebenwirkungen haben kann, trotzdem wurde dieser Schritt von der US-Regierung eifrig beworben und dann umgesetzt. Um von den negativen Auswirkungen des Zuckers auf die Bauchspeicheldrüse (Diabetes!), auf das Herz-Kreislauf-System sowie auf die Entstehung von Krebs abzulenken, wurde der Fokus von den verantwortlichen, aber leider bestochenen Experten auf die Fette gelenkt[46], was zur Verdammung des Cholesterins und zur Einführung der mit starken Nebenwirkungen behafteten Statine in der Kreislaufmedizin führte. Dieser Skandal wurde 2015 aufgedeckt[47], fand jedoch kaum Niederschlag in unseren Medien und unserer Gesetzgebung, noch weniger in der praktischen Medizin, die an ihren bisherigen Diätratschlägen der Fettreduktion weiter festhält, obwohl die Daten andere Schlüsse nahelegen[48–50].

Hören – Kinder lieben Rascheln

Wenn es windstill ist, ist ein naturnaher und von der Zivilisation abgeschiedener Wald ein Ort majestätischer Ruhe. Vogelstimmen kommen nun optimal zur Geltung, besonders im Frühjahr und zu den Morgen- und Abendstunden. Meister ihres Faches sind die Amseln und Singdrosseln, die stundenlang vielfältige Gesänge von den höchsten Zweigen der Bäume erschallen lassen. Diese Vogelarten begleiten uns auch in unsere Gärten, sofern Hecken oder Bäume ihnen Schutz vor räuberischen Katzen bieten. Aber auch Star, Meise, Buchfink und Stieglitz kennen erstaunliche und charakteristische Lieder, meist am Waldesrand oder auf einer Lichtung vorgetragen. Einfachere Klänge kommen vom Kuckuck, der uns mit seinem Ruf ein intensives Frühlingsgefühl vermittelt, oder auch von Ringeltauben, deren gurrende Verwandte wir aus den Städten nur allzu gut kennen. Auch der Zilpzalp ruft, wie sein Name sagt, relativ eintönige Gesänge aus den Baumkronen. Ein hohes Zirpen aus Fichten oder Tannen kündigt uns einen Schwarm von Tannenmeisen an.

Auf einer Lichtung oder am Waldrand haben Kinder die größte Chance, viele verschiedene Vogelarten kennenzulernen. Jeden Morgen, schon vor Sonnenaufgang, beginnt im frühen Frühjahr das Vogelkonzert[51]. Wenn das Gros der Menschen erwacht, ist es meist schon weitgehend abgeklungen. Das schönste Tirilieren hört man, wenn man früher als sonst aufsteht. Kleine Kinder sind ohnehin oft sehr früh munter – nutzen Sie das aus und gehen Sie mit ihnen gleich für ein frühmorgendliches Vogelkonzert in den Wald.

Abends kann man an manchen Orten – besonders in südlicheren Ländern Europas – noch die Nachtigall hören, die legendäre Sängerin der Weltliteratur. *Die Nachtigall ists, und nicht die Lerche …*

An einem schönen Sommertag kann man, zunächst knapp über dem Wald, wenige Minuten später bereits hoch am Himmel kreisend, Greifvögel beobachten, die sich in der Thermik nach oben schrauben. Wenn es Bussarde sind, stoßen sie ein miauendes Geräusch aus, das an Katzen erinnert. Wie die Katze sucht auch der Bussard nach Mäusen. Mit seinen extrem hochauflösenden Augen kann er sie aus großer Entfernung deutlich erkennen. Menschen würden sie nicht einmal als einen Punkt wahrnehmen. Mit ein wenig Glück kann man den Bussard kurze Zeit später im Sturzflug nach unten schießen sehen, um eine Beute zu greifen. Wenn der Bussard Pech hat, greifen Krähen ihn an und liefern neben kokelndem Krächzen einen eleganten Luftkampf mit dem Greifvogel. Meist können sie ihm nichts Ernsthaftes anhaben, auch wenn sie immer wieder nach ihm stoßen, machen ihm aber das Leben nicht leichter.

Bild links: Kreisende Greifvögel einmal anders: Der spanische Fotograf Xavi Bou verwendet eine spezielle Fototechnik, um hier das Aufsteigen von Greifvögeln in der Thermik sichtbar zu machen.

Wenn Sie mit Kindern Vogelstimmen hören, ist es sinnvoll, Kenntnisse über die wichtigsten Vogelarten mitzubringen. Der japanische Pädagoge und Musiker Shinichi Suzuki, ein persönlicher Freund Albert Einsteins aus seiner Berliner Zeit, schreibt in seinen berührenden Büchern, dass es beim Erlernen eines Musikinstruments ganz wichtig sei, dass die Eltern mit gutem Beispiel vorangehen[52]. In seinen Musikschulen wurden die Eltern gebeten, das Musikinstrument, das ihre Kinder erlernen sollten, zuerst selbst zu lernen. Diese Beobachtung trifft ganz sicher auch für die Naturpädagogik und für viele andere Lebenssituationen zu: Eltern brauchen ihre Kinder nicht zu erziehen, sie brauchen nur mit gutem Beispiel voranzugehen! Im Anhang finden Sie einige Tipps zu Büchern, CDs und Apps, mit denen man Vogelstimmen vorspielen und unterscheiden lernen kann. Abbildungen und Beschreibungen helfen, die Vielfalt unserer Vogelwelt besser zu verstehen und einzuordnen. Kinder lernen sehr schnell, schneller als Erwachsene, die einzelnen Vögel auseinanderzuhalten.

Die Sinne öffnen

In unserem heutigen, von unzähligen Sinnesreizen überflutetem Leben ist es wichtig, wieder zu den Ursprüngen der Sinneswahrnehmung vorzudringen, die Sinne wieder neu kennenzulernen und ihre Möglichkeiten zu erfassen. Stellen Sie sich vor, wieder ein kleines Kind kurz nach der Geburt zu sein, das nach der geborgenen Wärme, den gedämpften Lauten der mütterlichen Stimme und der Dunkelheit des Mutterleibes in die helle und überwältigende Welt der Sinnesreize eintritt. Was muss ein Mensch in dieser Situation spüren, wenn er diese Geborgenheit verliert und in die Vielfalt der menschlichen Welt, in das Spiel des Lebens eintritt? Lernen wir die Sinne mit der Naivität und der Offenheit eines kleinen Kindes nochmals kennen und lassen wir uns überraschen, was die Welt dann insbesondere in einem natürlichen Umfeld für uns bereithält.

Eine schöne Erfahrung, um die Sinne zu öffnen und ihre Wirkung archaisch zu erfassen, ist die schrittweise Aktivierung eines Sinnes nach dem anderen. Sie benötigen dafür jeweils eine

Manchmal, wenn es am Morgen kühl und feucht ist, kann man den Atem eines Singvogels als Dampfwölkchen beobachten – der Vogelgesang wird dann sogar sichtbar.

Stunde und das fünf Tage lang. Sie können diese Übungen alleine oder gemeinsam mit Ihren Kindern machen. Wenn sie alt genug dafür sind, können die Kinder sich einen eigenen Platz im Wald suchen, wo sie die gleiche Übung wie Sie selbst ausführen.

Für den zweiten bis zum fünften Tag benötigen Sie Unterstützung: Sie brauchen jemanden, der Ihnen auf dem Hinweg zu Ihrem Waldplatz die Augen verbindet und darauf achtet, dass Sie nirgends anstoßen, stürzen oder sich wehtun. Diese Hilfestellung kann entfallen, wenn sich der Platz in Ihrem Garten befindet und Sie mit dem Gelände bestens vertraut sind.

Ferner besorgen Sie für jeden Teilnehmenden ein Beobachtungstagebuch, in das jeder seine Notizen und Fragen schreiben kann (zum Beispiel unlinierte Bücher von Moleskin oder einer ähnlichen Qualitätsmanufaktur) und auch einen guten Stift, auf den Sie sich verlassen können. Er muss auch schreiben, wenn es kälter oder feucht ist. Nehmen Sie etwa einen hochwertigen Kugelschreiber (Parker, Ballograph, Lamy) oder einen guten Bleistift. Kinder können auch Zeichnungen anfertigen, wenn sie mit dem Schreiben noch nicht so vertraut sind.

Wenn Sie diese Übung schon einmal gemacht haben, ist es leichter, sie Kindern zu erklären. Bei älteren Kindern und Jugendlichen können Sie aber die Übung an verschiedenen Plätzen zugleich durchführen. In weiterer Folge beschreibe ich die Übung so, wie Sie sie allein durchführen werden, und überlasse Ihnen die Übersetzung für Ihre Kinder.

Sehsinn – 1. Tag

Am ersten Tag suchen Sie gemeinsam mit Ihrem Kind oder allein einen bequemen, ruhigen und gut erreichbaren Platz im Wald, an dem Sie ungestört sind. Sie sollten diesen Ort in den nächsten fünf Tagen erreichen und benutzen können, die Übung sollte am gleichen Ort durchgeführt werden. Gutes Wetter wäre wünschenswert. Nun beobachten Sie für eine halbe Stunde diesen Ort: Welche Bäume, welche Pflanzen können Sie sehen? Wie sehen die Blätter, die Rinde, das Moos, die Erde genau aus? Prägen Sie sich die Farben und Farbnuancen der Pflanzen und des Bodens ein. Können Sie eventuell Tiere sehen? – Wie verhalten sich diese? Wie fällt das Licht durch die Bäume? Gibt es Nebel oder Dunst, den Sie sehen können? Wie sieht der Himmel aus, falls Sie ihn sehen können? Gibt es Wasser, das Sie sehen können?

Prägen Sie sich all das möglichst gut ein, Sie sollen es im Anschluss daran und nach der Rückkehr nach Hause in Ihr Beobachtungstagebuch möglichst genau einschreiben.

Prägen Sie sich auch den Weg zum Waldplatz und vom Waldplatz wieder zurück gut ein, Sie werden das ab dem zweiten Tag nutzen können.

Tastsinn – 2. Tag

Heute bitten Sie Ihren Helfer, Sie auf dem Hinweg zu begleiten und darauf zu achten, dass Sie nirgends anstoßen, stürzen oder sich wehtun. Nun sollten die Augen am Beginn des Weges verbunden werden. Konzentrieren Sie sich bereits auf dem Weg auf den Tastsinn. Versuchen Sie vorsichtig, Pflanzen und Objekte entlang des Weges mit den Händen zu betasten. Achten Sie auch auf Unebenheiten des Bodens, die Sie mit Ihren Füßen erspüren können. Versuchen Sie, den Sitzplatz tastend zu erreichen, die Begleitperson wird Ihnen dabei helfen, falls Sie vom Weg abgekommen sein sollten. Wenn die Begleitperson Sie an der Hand hält, spüren Sie auch die Berührung durch die Begleitperson. Versuchen Sie, die Aufmerksamkeit möglichst ganzheitlich auf Ihren Körper zu übertragen und sich nicht nur auf Hände oder Füße zu konzentrieren.

Was spüren Sie auf dem Weg? Welche Berührungsqualitäten können Sie feststellen, wenn Sie Pflanzen oder Gegenstände mit der Hand begreifen. Wie ist die Qualität des Weges? Ist der Boden ganz glatt oder hat er Unregelmäßigkeiten? Stoßen Sie mit den Füßen an Wurzeln oder Steine?

Wenn möglich sollte sich die Begleitperson während der Beobachtungszeit entfernen, sodass Sie sie nicht hören oder spüren können, denn das würde Ihre Konzentration ablenken. Bleiben Sie nun auf Ihrem Sitzplatz und tasten Sie rund um sich: Was können Sie erspüren? Können Sie den Unterschied zwischen bemoostem Waldboden und Blättern spüren? Fühlen sich manche Moose unterschiedlich an? Können Sie die Pflanzen erkennen, die zu spüren sind? Wie fühlt sich Baumrinde an, falls Sie einen Baum erreichen können?

Versuchen Sie zu spüren, dass im Waldboden alles mit allem verbunden ist. Pilzfäden verbinden die Wurzeln der Bäume miteinander und tauschen mit den Bäumen Nährstoffe und Signale aus. Versuchen Sie, das waldweite Netz zu erspüren, das großen und kräftigen Bäumen ermöglicht, Nahrung an kleine und schwache zu senden. Versuchen Sie, die Atmosphäre zu spüren, die über dem Waldboden liegt und den Wald erst zu einem Ganzen werden lässt.

Merken Sie sich alle Eindrücke. Nach Ende der Beobachtung nehmen Sie die Augenbinde ab und schreiben das, was Sie sich gemerkt haben, in Ihr Beobachtungstagebuch.

Hörsinn – 3. Tag

Am dritten Tag benötigen Sie, wie am zweiten, Unterstützung, jemanden, der Ihnen auf dem Hinweg zu Ihrem Waldplatz die Augen verbindet und darauf achtet, dass Sie nirgends anstoßen, stürzen oder sich wehtun.

Nun achten Sie bereits auf dem Hinweg auf alle Dinge, die Sie *hören*: das Rascheln der Füße im Laub, das Knacken von

Ästchen, Tiergeräusche wie Vogelstimmen, das Rauschen des Windes.

Am Sitzplatz angekommen, versuchen Sie, auch die Klangatmosphäre des Waldes wahrzunehmen: Ist sie gleichmäßig verteilt oder ändert sich die Geräuschkulisse in verschiedenen Richtungen? Wie wirken die Höreindrücke in ihrer Gesamtheit? Klingen sie beruhigend? Fröhlich? Angenehm? Oder unangenehm oder gar bedrohlich? Sind technische Geräusche aus der Zivilisation zu hören, oder hören Sie nur Naturklänge? Wie verbinden sich die Klänge miteinander?

Wenn mehrere Vögel singen, gehen sie in Melodie und Rhythmus aufeinander ein? Wie verhält es sich mit den Tonhöhen? Sind sie gleich oder verschieden?

Schreiben Sie nach dieser intensiven Hörerfahrung von einer halben Stunde Beobachtungen und Fragen, die aufgetreten sind, in Ihr Beobachtungstagebuch.

Geruchssinn – 4. Tag

Am vierten Tag benötigen Sie nochmals Unterstützung: jemanden, der Ihnen auf dem Hinweg zu Ihrem Waldplatz die Augen verbindet und auf Sie achtet.

Sobald die Augen verbunden sind, nehmen Sie Kontakt auf zu den *Gerüchen* auf dem Hinweg. Riechen Sie auch an Blättern und Zweigen, die Sie am Weg erreichen können und reiben Sie dazu an diesen Pflanzenteilen. Sie werden staunen, wie unterschiedlich verschiedene Pflanzen riechen. Sogar ein Grashalm riecht an verschiedenen Stellen jeweils anders. Besonders stark ist der Unterschied zwischen Blüte, Blättern und Wurzel. Am

Geruch der Wurzel sind auch viele Mikroorganismen beteiligt, die als Nützlinge der Pflanze helfen, wertvolle Nährstoffe aus dem Boden zu holen, oder Wasser, wenn der Boden schon ziemlich trocken ist. Diese Meister der organischen Chemie schaffen Dinge, die weder Pflanzen noch Tiere zuwege bringen würden. Sie spalten Substanzen, die unseren eigenen Enzymen unzugänglich sind, und erzeugen Vitamine, die auch Pflanzen nicht selbst herstellen können. Vom Beginn der Evolution höheren Lebens haben sie geholfen, mit kargeren Mitteln und weniger Energie auszukommen, als das ohne sie möglich gewesen wäre. Es ist eine Tragik, dass wir heute diese Mikrowelt größtenteils als Feind sehen, die sie nur in den seltensten Fällen ist.

Wie fühlen sich die Luft und der Wind hier im Wald an? Wie riecht der Wind? Spüren Sie auch die Wirkung dieser Waldluft auf Ihrem Gesicht, Ihrer Nase und in Ihrer Lunge? Atmen Sie bewusst durch die Nase ein, das hat sich als wesentlich gesünder erwiesen als das Atmen durch den Mund[53] .

Nehmen Sie Kontakt mit Bäumen in der Umgebung auf. Wie fühlen sich diese an, wenn Sie hinspüren, auch wenn Sie zu weit entfernt sind, um sie ertasten zu können. Bäume kommunizieren auch oberirdisch mit Duftstoffen, die von der Rinde und den Blättern abgesondert werden. Vielleicht auch mit elektrischen Feldern. Sie warnen einander gegenseitig vor Schädlingen, und möglicherweise verständigen sie sich auch, wenn eine friedliche Atmosphäre im Wald herrscht. Wir wissen ja noch viel zu wenig über das Netzwerk der Natur, das erst seit wenigen Jahren im Fokus der Forschung ist. Zu lange wurde uns das Dogma vom »Kampf aller gegen alle« eingebläut, so hat die Wissenschaft sich lange Zeit selbst blind gemacht für das große Lebensnetzwerk und die Kooperation, die einen Wald und wahrscheinlich jede biologische Lebensgemeinschaft kennzeichnet, und die ein Vorbild für menschliche Gemeinschaften, für eine brüderliche beziehungsweise geschwisterliche Wirtschaft auch unter Menschen sein könnte.

Alle Sinne öffnen – 5. Tag

Am fünften Tag benötigen Sie wieder Unterstützung: jemanden, der Ihnen auf dem Hinweg zu Ihrem Waldplatz die Augen verbindet und Sie zu Ihrem Sitzplatz geleitet. Hier und jetzt erwartet Sie der Höhepunkt dieser ganzen Übungen: Nehmen Sie nun auf Ihrem gewohnten und mittlerweile vielleicht schon lieb gewonnenen Ort Platz und entspannen Sie sich. Nun nehmen Sie die Binde ab und öffnen gleichzeitig Augen, Ohren, Nase und Tastsinn. Als ich diese Übung zum ersten Mal gemacht habe, war ich von den massiven, gleichzeitig auf mich einströmenden Sinneseindrücken überwältigt. Noch nie zuvor ist mir ein Wald so strahlend schön vorgekommen, noch nie hat sich Vogelgesang so harmonisch und intensiv angehört, ein Frühling ohne Ende! Noch nie sind Gerüche im Wald so eindrücklich gewesen. Die lange Vorbereitung hat sich gelohnt: Alle Sinneseindrücke haben sich zu einem wunderbaren Ganzen zusammengefügt, das mich die Intensität der Natur und die Zusammengehörigkeit mit ihr im vollen Umfang erleben hat lassen.

Genießen Sie die umfassende Fülle der Sinneseindrücke, solange Sie das wollen, und notieren Sie Ihre persönlichen Gefühle und Beobachtungen dann in Ihrem Beobachtungstagebuch. Wenn Sie diese Eindrücke später lesen, wird es Ihnen immer eine Hilfe sein, in schwierigen Lebenssituationen wieder Kontakt zu Mutter Natur zu finden.

Im Rhythmus des Waldes

Der Jahreslauf des Waldes ist ein Kapitel für sich, das uns das Thema Zeit lebendig vor Augen treten lässt. Wir Menschen sind ja besonders darauf eingestellt, visuelle Bilder und den Raum wahrzunehmen. Unsere Kultur ist auch eine sehr bildorientierte, was Sie jederzeit beim Gang durch eine Stadt beobachten können. Zeit ist für uns etwas Unsichtbares, das wir nur in besonderen Fällen wahrnehmen, etwa dann, wenn Zeit sich auch räumlich manifestiert. Ein Beispiel für eine solche Manifestation sind etwa Jahresringe von Bäumen. An ihnen kann man den Lauf der Jahreszeiten aufgrund des verschieden starken Wachstums der Bäume beobachten. Wissen Sie, wann die dunkleren und wann die hellen Jahresringe wachsen?

Die hellen Jahresringe entstehen, wenn der Baum besonders schnell wächst, weil dann große, wasserreiche Zellen gebildet werden, die sich nach dem Trocknen des Holzes mit Luft füllen und daher hell sind. Das ist vom Frühsommer bis zum Frühherbst der Fall. Wenn das Wachstum spärlich ist, im Spätherbst und auch noch an den ersten sonnigen Frühjahrstagen, werden kleinere Zellen mit relativ starken Wänden gebildet. Das sind die dunkleren Ringe im Holzquerschnitt. Geht es dem Baum gut und wächst er schnell, so sind die Jahresringe weit auseinander, in unseren Breiten bis zu einem Zentimeter. Ein schattig stehender Baum, der in einem Nordgraben langsam wächst, hat »feinjährige« Jahresringe, die eng und im Optimalfall regelmäßig aufeinanderfolgen. Diese unter schwierigen Bedingungen gewachsenen Bäume zeichnen sich durch besondere Widerstandskraft

Bild links: Jahresringe erzählen die Geschichte des Baumes: War viel Licht und Wasser vorhanden, so sind sie besonders breit, in Notzeiten und auf der Nordseite des Baumes schmaler.

und Kompaktheit und damit durch einen guten Klang des Holzes aus und werden deswegen für den Instrumentenbau gesucht. In Tiroler Berggräben, aber auch im Kärntner Lesachtal wachsen solche Klanghölzer, die Geigenbauer besonders schätzen. Mein Freund, der frühere Chirurg Dr. Georg Lexer, sammelt solche Klanghölzer und erfreut sich an ihrem Wohlklang. So können schwierige Lebensbedingungen bei Pflanzen zu außergewöhnlichen Eigenschaften führen, die später die Menschen als Musik erfreuen. »Wo aber Gefahr ist, wächst das Rettende auch«, sagt Hölderlin in seiner Hymne *Patmos*.

Wo aber Gefahr ist, wächst das Rettende auch.

Als mein Großvater ein kleines Kind war, lebte er unter sehr ärmlichen Bedingungen am Beginn des 20. Jahrhunderts, als fünftes Kind einer Bauernmagd, in einem kleinen Dorf in Kärnten. Er erzählte, dass die Bauernfamilie und alles Gesinde trotz schwerer Arbeit fast jeden Tag nur Polenta, also gekochten Maisgrieß, als Hauptmahlzeit hatte. Bis auf Maisgrieß, Salz und Wasser sowie zum Frühstück einen wässrigen Milchkaffee waren keine Zutaten in diesem Essen, und nur in der Fastenzeit vor Ostern gab es eine Geschmacksverbesserung: Ein geräucherter Hering wurde über dem Mittagstisch aufgehängt, und jede und jeder durfte sich aus dem Topf in der Mitte ein Stück Polenta herausholen und am Hering reiben, um zusätzlichen Geschmack in die Mahlzeit zu bringen. Zu Ostern, am Gründonnerstag, wurde dann der Hering selbst aufgeteilt und stellte ein Festmahl für die große Familie dar.

Eines Tages wurde mein Großvater, er war gerade 15 Jahre alt, von seiner Mutter mitten in der Nacht aufgeweckt. Sie sagte zu ihm, dass er sofort fliehen müsse, weil sie gesehen hätte, wie der Bauer vor dem Schlafengehen eine Axt unter seinem Polster versteckt habe. Offensichtlich war die Armut zu diesem Zeitpunkt kurz vor dem Ersten Weltkrieg schon so groß, dass zusätzliche Esser als Gefahr für die ganze Familie betrachtet wurden, wie das auch Franz Innerhofer in seinem erschütternden Roman *Schöne Tage* erzählt[54].

Mein Großvater flüchtete noch in der gleichen Nacht und arbeitete dann bei der Eisenbahn als jugendlicher Schienenleger an der Bahnstrecke zwischen Villach und Salzburg. Dann kam der Erste Weltkrieg und die schreckliche Zeit der Gasangriffe an der Front, bei denen mein Großvater zwei von fünf Lungenlappen verlor und anschließend an Lungentuberkulose erkrankte. Das für besondere Tapferkeit verliehene Ehrenkreuz wog diesen Verlust in keiner Weise auf, und mein Großvater blieb lebenslang ein Kriegsgegner.

Glückliche Umstände und gute Menschen brachten ihn nach dem Ersten Weltkrieg zur Post, wo er sich in wenigen Jahren zum Postdirektor einer Kärntner Kleinstadt emporarbeitete. Erst der Nationalsozialismus machte seiner Karriere ein zum Glück vorübergehendes Ende: Schon wenige Tage nach Beginn der deutschen Besatzung dienstfrei gestellt, musste mein Großvater seine Familie und sich mithilfe von Bienenhonig, selbstgezogenem Gemüse und einigen Kleintieren über Wasser halten. Eines Tages baute sich vor ihm auf einem belebten Platz einer seiner ehemaligen Briefträger auf und machte demonstrativ den Hitlergruß. Mein Großvater ging ungerührt weiter und murmelte, anscheinend zu laut, ein bekanntes Götzzitat. Am nächsten Tag tauchte die Polizei an der Wohnungstür meiner Großeltern auf.

Dem Stadtpolizisten war es sichtlich peinlich, den gerade noch hoch angesehenen Postdirektor, der auch vielen Menschen in der Stadt geholfen hatte, mit einer Durchsuchung belästigen zu müssen. Er stammelte: »Herr Direktor, wenn Sie uns versichern, dass Sie nichts Illegales in der Wohnung haben, verzichten wir auf die Hausdurchsuchung.« Mein Großvater trat zur Seite und sagte: »Walten Sie ruhig Ihres Amtes.« Das war dem Polizisten nun noch peinlicher, er verzichtete auf die Hausdurchsuchung und für den Rest des Krieges wurde mein Großvater nicht mehr belästigt. Nach Ende des Krieges wurde er sofort wieder als Postdirektor der Stadt eingestellt. Trotz aller Widrigkeiten seines Lebens verlor er nie den Optimismus, heiratete eine fesche Postbeamtin und hatte drei gesunde Kinder, von denen das Jüngste meine Mutter war. Er schimpfte nicht einmal über die Menschen, die seinen Lebensweg steinig gemacht und ihn am Beginn des Nationalsozialismus diffamiert hatten. Später half er sogar einem der damaligen Mitläufer, als dieser sein Nachfolger werden wollte. Auch seine Mutter und Geschwister unterstützte er finanziell und mit selbst geerntetem Honig über viele Jahre.

Auch meinem Großvater hatten immer wieder Menschen geholfen, wenn es besonders schwer wurde und das Schicksal besonders hart zugeschlagen hatte. Die Menschen, die ihm als 15-Jährigen geholfen hatten, einen Job bei der Bahn zu erhalten, oder die, die ihn im Ersten Weltkrieg mit verätzter Lunge aus der Schusslinie geschleppt hatten, und schließlich die Menschen, die ihm den Weg zur österreichischen Post gezeigt hatten. Und natürlich seine Frau, meine Großmutter, die von 1922 bis zu seinem Tod im Jahre 1973 treu und glücklich mit ihm verheiratet gewesen war und ihn in den letzten Lebensjahren gepflegt hatte.

Kehren wir, nach diesem Ausflug in meine Familiengeschichte, dessen Inhalt mir viel Kraft in meinem Leben gegeben hat, wieder zu den Pflanzen und speziell zur Musik zurück: Pflanzen können sogar von selbst musizieren, wie ich vor kurzer Zeit mit Erstaunen festgestellt habe. Mithilfe eines kleinen Gerätes, das die elektrischen Widerstandsänderungen der Pflanze in Musik umsetzt, können Sie Ihre Lieblingspflanze als Musikerin einsetzen. Musiker, die mit ihren Pflanzen längere Zeit zusammenspielen, behaupten sogar, dass diese in der Lage seien, immer besser zu musizieren. Es gibt sogar Konzerte, bei denen Pflanzen mitspielen. Gerade bereite ich mit Christian Michael, einem Sänger der Salzburger Festspiele, ein Konzert vor, in dem verschiedene Pflanzen mithilfe des beschriebenen Gerätes am Klavier musizieren sollen. Sie werden dabei von professionellen Musikern improvisierend begleitet, Trompete, Cello, Saxophon und vielleicht Gesangsstimme. Dem staunenden Publikum wollen wir verständlich machen, dass Pflanzen nicht nur musikalisch sind, sondern sogar in Interaktion mit den Musikern gehen und musikalisch improvisieren können. Das Konzert soll im Brahmssaal des Musikvereins in Wien stattfinden, einem der Konzertsäle mit der besten Akustik der Welt. Vor Kurzem hätte man die Möglichkeit, dass Pflanzen hören können oder eine Art von Bewusstsein haben, noch für eine Fabel gehalten, doch eine junge Generation von Botanikern belehrt uns eines Besseren. Pflanzen sind lernfähig und können in einem Y-Rohr in Richtung der besseren Düngung, also in Richtung des Futters wachsen. Lässt man Vibrationen aus dieser Richtung tönen, so lernen die Pflanzen, auch dann in Richtung der Vibration ihre Wurzeln auszustrecken, wenn kein Dünger mehr am Ende des

Mitten im Kräutergarten des Peintnerhofes filmt der ORF für *Guten Morgen Österreich* im Herbst 2021 die Klänge einer Hauswurz aus den Bergen des Lesachtals. Das Thema lautet: »Gesundheit durch Naturkontakt«.

Rohres lockt. Pflanzen können also Vibrationen wahrnehmen – das ist eine Voraussetzung für die Wahrnehmung von Musik –, und sie können lernen. Zwar sind traditionelle Botaniker noch immer äußerst skeptisch, doch die junge Generation hat eigene Tagungen dafür eingerichtet und Zeitschriften gegründet, um ihre Beobachtungen publizieren zu können, ohne von verkorksten Skeptikern dabei dauernd gestört zu werden.

Auch eine neue Art des Hörens von Blüten hat man vor Kurzem entdeckt: Beschallt man Blüten mit dem Summen von Bienen, so steigt der Zuckergehalt ihres Nektars binnen drei Minuten um 20 Prozent, ein weiterer Beleg dafür, dass Pflanzen trotz des Fehlens eines Nervensystems Töne wahrnehmen können[55].

Inzwischen verwende ich das Pflanzenmusiziergerät im Garten, im Wald und in der Wildnis. Man schließt einfach zwei Elektroden an die Pflanze an: Eine wird in den Boden nahe der Wurzel gesteckt, die andere an ein Blatt angehängt. Nach kurzer Zeit meldet das Gerät »Signal gefunden« und beginnt mit dem Musizieren. Skeptikern bleibt der Mund offen. Sie suchen nach dem doppelten Boden, den es jedoch nicht gibt. Unlängst habe ich eine Zirbe mit dem Gerät verbunden und sie in einer Sendung über Zirben selbst zu Wort kommen lassen – oder vielmehr zum Klang.

Das Frühstücksfernsehen des ORF hat im Herbst 2021 über eine musizierende Hauswurz im Lesachtal berichtet. Das »höchste« Klangerlebnis erzielte eine Speickpflanze, die ich in den Kärntner Nockbergen auf 2400 Meter Seehöhe verkabelt habe. Begleitet vom säuselnden Geräusch des Windes hat der Speick fröhlich und ausdauernd musiziert. Auch im Haus funktioniert die Pflanzenmusik. Besonders sukkulente Pflanzen wie Aloe oder die einheimische Hauswurz, die nur geringe Ansprüche an regelmäßiges Gießen oder direkte Sonne stellen, sind ausdauernde und gute Musiziererinnen. Sie müssen nicht einmal GEMA-Gebühren bezahlen, wenn Sie Pflanzen Musik spielen lassen. Wie vieles in der Natur erhalten Sie die Musik als ein Geschenk, in diesem Fall von Ihrer Zimmerpflanze.

Auch Blüten sind als Musikantinnen bestens geeignet. Eine Zyklamenblüte, die ich in der oben beschriebenen Weise mit einem elektromechanischen Klavier verbunden habe, hat jazzige Töne gespielt und diese am Morgen und am Abend variiert.

Eine Zyklame (Alpenveilchen) als Pianistin: Über feine Elektroden ist die Zyklame mit dem Gerät verbunden, das ihre elektrischen Rhythmen in Musik verwandelt. Über MIDI kann die von der Pflanze erzeugte Musik an einem Keyboard oder sogar an einem richtigen Piano ausgegeben werden.

Während ich an diesem Text schreibe, höre ich die Melodien der Zyklamenfee in meinem akustischen Gedächtnis und nehme mir vor, sie morgen wieder erklingen zu lassen.

Es wäre sehr wünschenswert, wenn auch Kinder in Zukunft mit musizierenden Pflanzen aufwachsen würden. Die Beziehung zu den Pflanzen könnte dadurch wesentlich lebendiger gemacht werden und vielleicht sogar das Interesse an Musikinstrumenten und der Möglichkeit wecken, die musizierende Pflanze improvisierend zu begleiten. Auch Einzelkinder hätten dann immer musikalische Spielkameraden, und nichts ist schöner, wenn man einsam ist, als Musik zu hören und musizieren zu können.

Der Jahreslauf im Wald ist eine ganz besondere Sache. Im frühen Frühjahr, wenn die Laubbäume noch blattlos sind und nur kleine Knospen – glänzende braune, wie bei der Buche, oder schwarze, wie bei der Esche – die Quellpunkte des Lebens anzeigen, beginnen die Nadelbäume bereits, die Strahlen der Sonne zu nutzen und aus dem einströmenden Licht und dem Kohlendioxid der Luft sowie dem Wasser der Luftfeuchtigkeit Zucker zu bilden, den Energieträger für die weiteren Ereignisse, die nun eintreten werden. Bereits im April und Mai kommen die als »Maiwipferl« bekannten hellgrünen Triebe der Fichten und Tannen aus den Zweigknospen. Sie sind voll mit Vitamin C und wertvollen Stoffen, und die Nadeln sind zunächst noch ganz weich. Der bekannte »Maiwipfelsirup« wird aus diesen jungen Trieben mit Honig hergestellt und volksmedizinisch bei Atemwegserkrankungen lindernd genutzt.

Auch die Laubbäume beginnen sich nun zu rühren: Aus den Wurzeln kommt Druck vom reichen Wasser, das in der Regel im Frühjahr den Boden befeuchtet hat, und zwar aus gespeichertem Schnee und frischem Frühlingsregen. Wird ein Baum in dieser Zeit gefällt, so kann man diesen Wurzeldruck an der austretenden Flüssigkeit beobachten, die den Rand des Baumstammes am durchgeschnittenen Querschnitt benetzt. Sie enthält bereits Zucker, der im Vorjahr in der Wurzel gespeichert worden ist, weshalb Insekten daran naschen und auch Pilze sich vermehren können. Fürs Baumfällen ist es nun eigentlich schon zu spät, da Holz mit hohem Zuckergehalt nicht sehr haltbar ist. Darum hat man früher die Bäume bei klirrender Kälte im tiefsten Winter geschlagen, wenn der Zucker und die Feuchtigkeit noch in der Wurzel gespeichert sind. Die trockene Luft des Winters tat dann

Mondholz ist Holz, das zu bestimmten Mondständen geschlagen wird und beispielsweise als besonders widerstandsfähig gegenüber Schwundrissen gilt. Einige forstwissenschaftliche Studien belegen interessante Einflüsse des Mondes auf die Holzqualität, traditionell wurde der Mondstand von den Waldarbeitern in vielen Kulturen berücksichtigt.

noch ihr Übriges, um das Wasser aus dem Holz zu ziehen, sodass man sich bereits einen Teil der Trockenzeit ersparen konnte, die früher als langsame Lufttrocknung bei niedrigen Temperaturen durchgeführt wurde – mindestens ein Jahr Trocknung pro Zentimeter Holzdicke. Heute werden die meisten Hölzer leider bei höheren Temperaturen kammergetrocknet, was durch die dabei erfolgende »Röstung« einen Teil der Holzinhaltsstoffe in Formaldehyd umwandelt, einen stechend riechenden und giftigen Stoff, der in luftgetrocknetem Holz fast nicht vorkommt. Auch hier wäre es sinnvoll, Technologien, die früher erfolgreich praktiziert wurden, in moderner Form anzuwenden, zum Beispiel als Gefriertrocknung, um die Produktion giftiger Stoffe und schlechte Eigenschaften des Endproduktes zu vermeiden.

Ein wissenschaftlicher Freund, Ernst Zürcher, der viele Jahre an der Eidgenössischen Technischen Hochschule in Zürich und später an der Berner Fachhochschule gearbeitet hat, hat die Wirkung des Mondes auf das Holz in zahlreichen Studien wissenschaftlich untersucht[56, 57]. Tatsächlich stellte sich heraus, dass in einem gleichförmigen Bestand von Bäumen eines Klons das Trockengewicht des geschlagenen Holzes vom Zeitpunkt der Schlägerung abhing und durchaus signifikant schwankte, selbst wenn die Stämme im tiefsten Winter steinhart gefroren waren. Auch die täglichen Mondgezeiten hatten einen beträchtlichen Einfluss, nicht nur auf den Meeresspiegel, sondern auch auf die Stammdicke von Bäumen in Zürich. Obwohl keine naturwissenschaftliche Erklärung dafür gefunden werden konnte, waren die Ergebnisse so eindrucksvoll, dass sie in der Zeitschrift *Nature* publiziert[58] und auch nie widerlegt wurden.

Vor vielen Jahren fand in Längenfeld in Tirol das *Kraftfeld Längenfeld* statt. Musiker, Philosophen, Schamanen, Entwicklungsarbeiter und Künstler trafen sich zu einem praktischen Gedankenaustausch, bei dem viele Aspekte einer zukünftigen besseren Welt, von Solarenergie bis zu Pflanzenheilkunde und zu neuen Gemeinschaftsformen, besprochen und praktisch ausprobiert wurden. Ich war zu diesem Zeitpunkt noch junger Student und nahm die angebotenen Workshops mit Begeisterung auf. Eine der besprochenen Themen war auch der Zeitpunkt, wann Holz am besten geschlagen und verarbeitet werden sollte. So begab ich mich, gemeinsam mit einer anderen Seminarteilnehmerin, an den freien Nachmittagen zu den Bauern der Umgebung und befragte sie, ob noch altes Wissen zu diesem Thema vorhanden sei. Die Bauern nahmen mich gastfreundlich auf, und die Großelterngeneration freute sich, dass sich noch jemand für ihr Wissen interessierte: Ja, in den »Hörndlzeichen« solle man das Holz schlagen, da sei es besonders widerstandsfähig. Also dann, wenn der Mond im Widder, im Steinbock oder im Stier steht. Und ja, selbstverständlich sei im Winter die beste Zeit, um das Holz zu schlagen.

Abhängig davon, wofür das Holz gebraucht wurde, wurden auch verschiedene Sternzeichen ausgewählt, in denen der Mond am Firmament beim Schlägern stehen sollte. Besonderes Augenmerk wurde auf das Holz für Kamine gelegt, das ja die hohen Temperaturen des Rauchs der »Rachkuchl« aushalten musste und das bei falscher Vorbehandlung schon mal, gefolgt vom Bauernhof, in Flammen aufgehen konnte. Hier seien die Wasserzeichen gut geeignet, wenn der Mond also im Fisch, Krebs oder Skorpion stehe.

Dann erzählte einer der Bauern noch aus seiner Jugend, als eine hohe Fichte des Nachbarn den Hausgarten seiner Eltern völlig beschattet habe. Leider war der Nachbar nicht bereit, den Baum dem Frieden zu opfern und so lag der Schatten dauerhaft über der Nachbarschaft. Eines Tages habe der Großvater des Mannes, der damals noch ein Kind war, diesem erzählt, dass es Schwendtage gebe – offensichtlich vom Wort »schwinden« abgeleitet –, an denen Bäume besonders empfindlich wären, wenn man einen Kupfernagel in ihren Stamm schlägt. Der Kupfernagel war zwar nicht leicht aufzutreiben, doch bis zum nächsten Schwendtag schaffte es der Junge. Heimlich, still und leise schlich er sich dann am frühen Morgen des Schwendtages zu dem Schattenmacher, und tatsächlich gelang es ihm, den Kupfernagel mit einem Stein in Kinderkopfhöhe in das Holz des Stammes zu treiben. Obwohl ich Bäume, wie sie vielleicht ahnen werden, sehr gerne mag, hatte ich ein gewisses Verständnis für den Jungen – ein schattiger Hausgarten ist ja wirklich nicht erfreulich. Einige Tage lang passierte – gar nichts. Dann bemerkte der Junge, wie der Nachbar nachdenklich die große Fichte betrachtete, und tatsächlich, einige der Zweige waren braun geworden und Nadeln rieselten herunter. Vorsorglich und natürlich unbemerkt wurde der Schwendnagel vom Jungen wieder aus dem Baum gezogen. Einige Wochen nach dem Ereignis sägte der Nachbar dann den inzwischen dürren Baum um, und die Sonne schien wieder in den Hausgarten.

Der Wurzeldruck im Frühjahr sorgt dafür, dass die Knospen auch bei den Laubbäumen anschwellen und die jungen Blätter austreiben. Hellgrün oder manchmal auch in rosa oder roten Tönen treten die zarten Jünglinge aus den Knospen, meist zuerst die Blätter, und erst später folgen die Blüten. Die rote Farbe weist auf Anthozyane hin, die einen Schutzfaktor sowohl gegen Frühjahrsfröste als auch zu hohe UV-Strahlung bilden. In dieser Zeit gibt es noch nicht sehr viele Insekten, und diesen Vorsprung nützen die Bäume, um ihre Blätter rasch zu entfalten und mit Bitterstoffen zu versehen.

Nun ist die Zeit guter Outdoorbekleidung gekommen, und warmes und atmendes Wandergewand hilft, sich auch bei kühlen Temperaturen und eventuell erhöhter Luftfeuchtigkeit wohlzufühlen. In Südnorwegen, an dessen Westküste es nach Aussage der Einheimischen an drei von zwei Tagen regnet, gibt es ein altes Sprichwort, das besagt, dass es kein schlechtes Wetter, sondern nur schlechte Bekleidung gibt. Eine sehr wertvolle Motivationshilfe für Kinder, wenn sie, aus dem warmen Wohnzimmer ins Freie blickend, überlegen, ob sie sich bei diesem Wetter wirklich ein Waldabenteuer antun sollen.

Als wetterfester Mensch hat man den Vorteil, schon früh auf die Blätter zugreifen zu können, und es ergibt sich manch schmackhafte Gelegenheit, junge Blätter, zum Beispiel von Linden oder Buchen, kosten zu können, was gemeinsam mit Kindern ein besonders schönes Erlebnis ist. Sobald die Bitter- und Gerbstoffe eingelagert sind, nehmen die Blätter einen strengeren Geschmack an. Sie lagern Gerbsäuren ein, deren zusammenziehender Geschmack auch Schadinsekten erschaudern lässt und

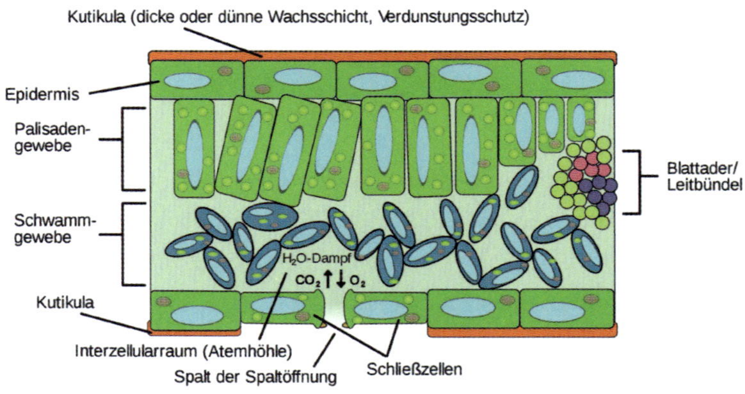

Aufbau eines Laubblattes im Querschnitt: Die Kutikula (oben) schützt die empfindlichen grünen Sonnenenergiekraftwerke (Chloroplasten mit Chrorophyll) vor der UV-Strahlung der Sonne: Diese Chloroplasten (griech. *chloros* = grün) sind vor allem im Palisadengewebe anzutreffen, wo sie eifrig aus Sonnenlicht, Wasser und CO2 Zucker erzeugen. In den Leitbündeln wird neues Wasser zugeführt (blau) und frisch erzeugter Zucker (rot) abtransportiert. Das CO2 kommt aus der Luft und wird über die Spaltöffnungen (Schließzellen) aufgenommen. Das Schwammgewebe gibt dem Blatt Halt und Form.

die Bäume in der Regel vor übermäßigem Schädlingsfraß schützt. Die Blätter sind nun durch mehr Chlorophyll dunkler grün, teilweise behaart, um die Verdunstung und damit den Wasserverlust zu begrenzen, und von der Struktur her wesentlich widerstandsfähiger und starrer als in ihrer frühesten Jugend.

Über den Sommer hinweg laufen die Blätter nun zur Höchstform ihrer Leistungsfähigkeit auf und verwandeln das reichlich vorhandene Sonnenlicht in Zucker, der in die verschiedensten Substanzen umgebaut wird, die die Pflanze für den Aufbau ihres Stammes, ihrer Wurzeln und besonders ihrer Blüten und Samen benötigt. Tageslicht ist nun reichlich vorhanden und entscheidet zusammen mit dem verfügbaren Wasser über die Wachstumsgeschwindigkeit der Pflanze. Insekten, Vögel und Säugetiere summen, flattern und wieseln um die Bäume herum, den Stamm hinauf und hinunter und fressen gelegentlich Pflanzenteile und auch ihresgleichen. Sie sorgen dadurch für ein dynamisches biologisches Gleichgewicht, in dem die von den Pflanzen hergestellten Substanzen auf verschiedene Bereiche des Tierreichs aufgeteilt, genutzt und wieder zu für die Pflanzen nutzbarem Dünger gemacht werden. Pflanzen atmen schließlich tagsüber Kohlendioxid ein – es ist ein Teil ihres Futters. Tiere fressen Pflanzenteile und atmen Kohlendioxid aus. Sie füttern damit die Pflanzen und schließen den Kreislauf. In der Pflanze wird das grüne Chlorophyll genutzt, um Kohlendioxid in Zucker zu verwandeln und Sauerstoff abzugeben, den die Tierwelt zur Atmung und zur Verbrennung der Nahrungssubstanzen benötigt. Die Wirbeltiere verwenden das chemisch dem Chlorophyll sehr ähnliche rote Hämoglobin, um den Sauerstoff von der Lunge zu den Zellen zu transportieren und das Kohlendioxid zur Lunge zurückzubringen, damit es wieder ausgeatmet werden kann[38–59].

Im grünen Chlorophyll ist ein Magnesium-Atom in der Mitte des Moleküls eingebaut, das diesem seine grüne Farbe verleiht. Im roten Hämoglobin ist es das Eisen, das die rote Farbe verursacht. Rot und grün sind Komplementärfarben im Farbenkreis – eine erstaunliche Synchronizität, die hier die Komplementarität der Tier- und Pflanzenwelt auch farblich sichtbar macht. Über die Luft – den Wind – wird der Kreislauf geschlossen. Die Pflanzenwelt gibt der Tierwelt Nahrung und Sauerstoff. Ohne sie wäre kein Tier lebensfähig. Die Tierwelt schließt den Kreis und gibt der Pflanzenwelt Kohlendioxid über die Luft und die Blätter sowie Dünger über den Boden zurück. Dieses gegenseitige Geben und Nehmen ermöglicht nun schon über viele hundert Millionen Jahre das gedeihliche Zusammenleben von Tier- und Pflanzenwelt.

Nun setzt auch die Reifezeit der Früchte ein: Obstbäume, häufig aus der Familie der Rosengewächse stammend, wie Kirschen, Himbeeren, Brombeeren, Pflaumen, Äpfel, Birnen, aber auch Schlehen und Ebereschen, die allesamt an ihren fünf Blütenblättern als Rosenverwandte erkennbar sind, setzen nacheinander Früchte an und können von Menschen geerntet werden. Kinder freuen sich über kleine Äpfel, die man als Kinderäpfel bezeichnen kann.

Gemeinsames Ernten macht große Freude, und man kann den Kindern erklären, dass die wichtigsten Schutzstoffe wie Vitamine und Farbstoffe unter der Schale stecken, weil sie den Apfel oder die Frucht vor dem Luftsauerstoff beziehungsweise vor Schadinsekten, die von außen kommen, schützen. Deshalb ist es so gesund, die Schale beim Obst mitzuessen.

Die Farben des Herbstes entstehen, weil die Bäume wertvolle Rohstoffe des Chlorophylls aus den Blättern abziehen, bevor diese abfallen. Es bleiben Anthozyane zurück, Farbstoffe, die der Baum im Frühjahr wieder einfach nachbilden kann und die rote und gelbe Farben aufweisen.

Im Herbst, wenn die Tage wieder kürzer werden und die Temperaturen sinken, ziehen die Laubbäume die Nährstoffe aus ihren Blättern wieder in die Wurzeln zurück. Erkennbar wird das an der Verfärbung der Blätter, die zunächst grün-gelblich, dann gelb und rot oder braun werden. Der Wind frischt auf und nimmt die ersten Blätter mit sich. Nach und nach verlieren die Bäume alle Blätter und schützen sich so vor Flüssigkeitsverlust, der durch die große Oberfläche der Blätter zustande kommen würde.

Die Knospen warten schon auf das kommende Frühjahr, um den Zyklus des Lebens zu wiederholen.

Aufbau der Gesundheit

Wachsen am Widerstand: Widerstandsfähigkeit durch Spiel und Aufenthalt in der Natur

Wenn ein Kind geboren wird, besteht sein Gehirn aus Milliarden von Nervenzellen, die gespannt darauf warten, welche Sinnesreize und welches Umfeld sie erwartet. Lernen bedeutet das Verknüpfen dieser Nervenzellen und oft auch den Verzicht auf viele von ihnen, die von der realen Welt nicht benötigt werden. Wir haben als Menschen wesentlich mehr Nervenzellen zur Verfügung, als wir eigentlich brauchen. Die ersten Lernschritte bestehen darin, diese Nervenzellen miteinander zu vernetzen und in sinnvollen Bezug zur Umwelt zu setzen. Das Großartige unseres Gehirns besteht unter anderem darin, dass wir uns auf die verschiedensten Welten einstellen können. Dadurch können wir physikalische Gesetze lernen und richtig reagieren, wenn wir den Halt verlieren oder wenn ein anderer Körper auf uns zukommt. Leider wird in Kindercomics und auch in Slapstickfilmen eine Physik vorgespielt, die es in unserer Wirklichkeit nicht gibt. Da bleiben Figuren noch einige Zeit in der Luft hängen, bevor sie bemerken, über welchem Abgrund sie schweben und folgerichtig in die Tiefe stürzen. Auch nach schweren Stürzen reicht ein Abschütteln und schon ist die Comic-Figur wieder quicklebendig. In der wirklichen Welt wäre zumindest ein mehrwöchiger Krankenhausaufenthalt nach jedem dieser Stürze fällig, wenn nicht Schlimmeres. Ich frage mich oft, ob Kinder, die mit sehr vielen Comics und computeranimierten Filmen aufwachsen, die Gefahren im echten Leben vielleicht unterschätzen? Ob diese Kinder zu schnell mit dem Auto fahren, weil sie nicht verstehen, dass ein Unfall nicht nur von lustigen Geräuschen begleitet wird, sondern auch das Leben kosten kann? Ob diese Kinder am Mountainbike realisieren, dass der schmale Grat, den sie mit Affengeschwindigkeit hinunterflitzen, auch in den Tod oder eine Querschnittlähmung führen kann? Das Erleben wirklicher Physik unter sicheren Bedingungen wie beim Wandern oder Spielen im Wald hilft hier, realistischer Gefahren einzuschätzen und entsprechend vorsichtig zu biken oder zu fahren.

Interessanterweise werden in frühester Jugend und schon kurz nach der Geburt zahlreiche Nervenzellen und ihre Verbindungen, die Synapsen, aktiv abgebaut. Das Gehirn behält nur, was es benötigt, und verzichtet auf das, was nicht gebraucht wird. Man hat Tiere in ihrer frühesten Jugend in Umgebungen gesetzt, die nur aus senkrechten oder nur aus waagrechten Streifen bestanden. Wenn diese Tiere heranwuchsen, konnten sie nur die frühkindlich gelernten Streifen wahrnehmen, nicht die unbekannten. Die Nervenzellen und Synapsen, die für die jeweils anderen Wahrnehmungen zuständig waren, wurden im eintönigen Umfeld abgebaut.

Dieses Experiment zeigt, wie wichtig ein vielfältiges Umfeld für die Entwicklung des Gehirns ist, wenn das Kind später ein umfassendes Verständnis der Welt haben soll. Alle Sinne sollten angesprochen werden, in umfassender und freundlicher Weise. Eine einseitige Wahrnehmung der Welt, zum Beispiel nur durch Bilder, führt zu einem einseitig ausgebildeten Gehirn. Alle Sinne sollten daher Gelegenheit haben, verschiedenste Eindrücke kennenzulernen, denn die Komplexität unserer Wahrnehmung wird von der Verarbeitungsmöglichkeit unseres Gehirns bestimmt. Das Gehirn ist ein plastisches Organ, das in der Jugend die Welt auf möglichst verschiedene Weise erkunden sollte, um später die Fülle der Sinneseindrücke richtig bewerten und die Welt vielfältig erleben zu können.

Für unsere Sinnesorgane und für das Gehirn ist es auch wichtig, dass wir ein gewisses Maß an Extremsituationen, also zum Beispiel leise oder laut, hell oder dunkel, kennenlernen.

Das Hören von ganz leisen Tönen, Stimmen oder Tierlauten oder das Sehen und Erkennen von Tieren bei ganz wenig Licht schult das Gehör und den Sehsinn. Dazu gehört, dass wir leise sein können, was Kindern oft schwerfällt. Wir sollten dann die Faszination des Geheimnisses nutzen, für die Kinder immer empfänglich sind. Wenn wir schon mit gesenkter Stimme ankündigen, dass wir jetzt etwas ganz Besonderes sehen werden, ist uns die Aufmerksamkeit der Kinder sicher. Es wäre natürlich günstig, wenn dann auch wirklich ein interessantes Tier auftaucht oder eine besondere Situation entsteht, aber interessanterweise hilft uns hier oft das Schicksal oder die Synchronizität ein bisschen, und die Erwartung erzeugt Gelegenheiten, mit denen wir vielleicht gar nicht gerechnet haben.

Was Kinder (und auch Erwachsene) bei der Beobachtung von Tieren lernen können, ist einerseits Geduld, die dann durch entsprechende besondere Ereignisse belohnt wird, und das, was

Spielende Füchse wird man am ehesten am frühen Morgen beobachten können, wenn die Wälder noch menschenleer sind und die Tiere sich sicher fühlen.

man als »Wachsen am Widerstand« bezeichnen könnte. Das Aufstehen am frühen Morgen, das Aushalten von verschiedenen Wetterbedingungen, der Anmarsch zur Beobachtungsstelle, das geduldige Warten – all das sind Herausforderungen, die wahrscheinlich im Moment unangenehm erscheinen, die aber Fähigkeiten im Menschen ausbilden, die man sonst sehr schwer erlangen kann. Sie sind wahrscheinlich der Grund dafür, dass Menschen Jäger werden konnten, und ziehen ihre Faszination nicht zuletzt aus der Tatsache, dass auch diese Tätigkeit vom Menschen Millionen Jahre ausgeübt worden ist. Mit Ausnahme des letzten Schrittes der Jagd kann ich die Faszination persönlich gut nachvollziehen. Als Vegetarier verzichte ich aber liebend gerne auf das Töten der Tiere.

Ein Immunsystem lernt die Welt kennen

Das zweite lernfähige System neben dem Gehirn ist unser Immunsystem. Es ist eine Art lernfähiges, flüssiges Gehirn mit Kurz- und Langzeitgedächtnis sowie der Fähigkeit, zu lernen und auch wieder zu vergessen. Wir wissen noch deutlich weniger über dieses faszinierende Organ als über unser Großhirn. Was wir allerdings wissen, ist seine enorme Lernfähigkeit, die ebenfalls in der frühen Jugend geprägt wird. Das Immunsystem ermöglicht uns, in einer Welt von Millionen Bakterien, Pilzen und Viren gesund zu überleben und diese sogar als Helfer für unseren Stoffwechsel miteinzubeziehen. Dazu muss es Freund und Feind unterscheiden können, und das wird bereits sehr früh gelernt. Der allergrößte Teil der Mikroorganismen kann in die Kategorie der »Freunde und Helfer« eingereiht werden. Wie im Boden helfen auch in unserem Darm zahllose Mikroorganismen bei der Verdauung von Stoffen, beim Aufbau wertvoller Vitamine, bei der Abwehr und Zerlegung schädlicher Substanzen und beim Kleinmachen von größeren Molekülen wie zum Beispiel Fettsäuren, damit diese gefahrlos von unserem in der Darmwand zirkulierenden Blut aufgenommen werden können.

Damit unser Immunsystem diese unsichtbaren Helfer kennenlernen kann, muss es mit ihnen in Kontakt kommen. Wir wissen noch nicht, wie genau das Immunsystem Freund und Feind unterscheiden kann, aber offensichtlich ist es dazu in der Lage. Große Studien haben gezeigt, dass der Kontakt zu verschiedenen Tieren uns dabei hilft, die Freunde als solche zu identifizieren: Kinder, die auf Bauernhöfen mit artenreichem Tierbestand aufgewachsen sind, weisen deutlich weniger Allergien und Asthma auf als solche aus sterilen Stadtwohnungen.

Unsere unsichtbaren Helfer

Schon während des Geburtsvorganges wird das Neugeborene von seiner Mutter mit helfenden Mikroorganismen beschenkt. Die wertvolle Flora der Scheide umhüllt das Kind mit einem Schutzmantel, der für das spätere Leben von großer Bedeutung ist. Nützliche Milchsäurebakterien wandern nach dem Geburtsvorgang in den Magen-Darm-Trakt des Säuglings und ermöglichen später eine gute Verdauung der Muttermilch. Aber nicht nur der Magen-Darm-Trakt, auch die Atemwege werden bei der Geburt und kurz danach mit nützlichen mütterlichen Bakterien besiedelt[60]. Auch Immunstoffe, die vor schädlichen Bakterien schützen, werden vom Bakterienmantel des Neugeborenen erzeugt und unterstützen sein eigenes Immunsystem. Gute Hebammen waschen daher den neuen Erdenbürger nicht ab, sondern legen ihn, frisch wie er ist, der Mutter oder den Eltern in die Arme. Die Ausschüttung des Hormons Oxytocin bei der Mutter oder den Eltern, die nun stattfindet, ermöglicht und verstärkt die Bindung zwischen altem und neuem Leben.

Studien haben gezeigt, dass Kinder, bei denen ein Geburtsvorgang durch den dafür vorgesehenen natürlichen Weg erfolgt ist, im zukünftigen Leben wesentlich robuster sind als solche, bei denen ein Kaiserschnitt vorgenommen werden musste. So kommen Asthma und Übergewicht bei Kindern nach einem Kaiserschnitt deutlich häufiger vor[61] als nach natürlicher Geburt. Es ist bekannt, dass sowohl allergische Reaktionen, wie sie für Asthma typisch sind, als auch Übergewicht durch günstige Mikroorganismen verhindert werden können. Die erwähnte Studie hat jedenfalls festgestellt, dass das Mikrobiom bei Kindern nach natürlicher Geburt dem der Mütter wesentlich ähnlicher ist als

Stillen, hier in der Natur, wie die natürliche Geburt, kann ein wichtiger Beitrag zur späteren Gesundheit der Kinder sein. Das vielfältige Mikrobiom der Mutter und der Natur ist hier hilfreich.

nach einem Kaiserschnitt, und mehr nützliche Bakterien enthält. Da die im Uterus vorhandene Flüssigkeit weitgehend steril ist, ist bei einem Kaiserschnitt die Haut des Säuglings den in der Luft vorhandenen Bakterien ausgesetzt, während sich, wie schon erwähnt, bei der vaginalen Geburt ein Schutzmantel der mütterlichen Bakterien um das kleine Kind legt. Um auch nach einem Kaiserschnitt das mütterliche Mikrobiom zumindest teilweise zu vererben, kann das Neugeborene im Notfall mit dem Sekret der Mutter bestrichen werden[62], was in einigen Kliniken bereits praktiziert wird.

Zwar kann ein Kaiserschnitt unter bestimmten Umständen für das Kind lebensrettend sein, aber die Zunahme der Kaiserschnittgeburten ist ziemlich sicher nicht nur durch diesen Aspekt erklärbar. Was könnten weitere Ursachen sein, warum die Kaiserschnitte in den Geburtskliniken immer mehr werden? Geht unsere Welt mit dem Geburtsvorgang vielleicht viel zu verkrampft um? Wären viele Kaiserschnitte nicht nötig, wenn die Mütter und Väter schon vor der Geburt auf eine gelassene und fröhliche Haltung während der Geburt vorbereitet würden? Gute Hebammen schaffen es, mit sehr wenigen Komplikationen viele gesunde Kinder ins Leben zu holen. Die Segnungen der modernen Medizin werden dann nur im äußersten Notfall gebraucht, und Geburtenhäuser anstelle von Krankenhäusern ermöglichen einen unkomplizierten und fröhlichen Weg ins menschliche Leben.

Ich möchte hier das Beispiel eines Geburtenhauses im österreichischen Maria Saal erwähnen, das mich besonders beeindruckt hat. Ein Freund von mir, Bernd Bechtloff, damals auch Perkussionist von Hubert von Goisern, hat daran mitgebaut, es aus Strohlehm gefertigt und in der Form eines liegenden Schneckenhauses mit eigenen Händen geformt. Die Wände strahlen eine natürliche und warme Atmosphäre aus, und Lehm, als Ursubstanz des Lebens schon in der *Genesis* erwähnt, schafft das heilende Ambiente, in dem ein besonders entspannter Geburtsvorgang möglich ist. Healing Space[63] – der heilende Raum, ist derzeit ein großes Thema im Krankenhausbau. Sowohl in den USA als auch in den skandinavischen Ländern schaut man sich immer mehr nach natürlichen Materialien um, die für den Bau von Häusern zur Wiedergewinnung der Gesundheit besonders geeignet sind. Die Wissenschaft bestätigt, was der Mensch instinktiv spürt. So hat man festgestellt,

- dass Holz ein für die Wohnatmosphäre besonders günstiger Stoff ist[64], wenn er im Raum ein bis zwei Drittel der sichtbaren Oberfläche ausmacht. Natürliches Holz hebt die Vagusaktivität und senkt die Herzfrequenz[65, 66]. Das haben zahlreiche Studien bestätigt. Eine bessere Vagusaktivität vermindert die Entzündungsneigung im Organismus, was ganz wichtig für die Prävention entzündlich-chronischer Erkrankungen wie Arteriosklerose[67], Arthritis, Schilddrüsenentzündungen, Diabetes 2 und sogar von Krebserkrankungen[68], der Geißel unserer heutigen Gesellschaft, ist[69–71].
- dass eine grüne Umgebung vor dem Fenster von Krankenzimmern dazu führt, dass weniger Schmerzmittel, ja sogar insgesamt weniger Medikamente notwendig sind, um die gleichen Krankheitszustände zu heilen und einen schnellen Gesundungsprozess zu ermöglichen[72]. Diese positive Wirkung von Natur lässt sich auch bei Gesunden nachweisen[65, 73]. Schon die Berührung von Holz mit der Hand führt zu einem Absinken der Herzfrequenz, einem Anstieg des Vagustonus und einer Abnahme der Aktivität von Gehirnarealen, die für die Stressverarbeitung zuständig sind[74, 75].
- dass Lernen und Verstehen von Zusammenhängen von grünen Umgebungen profitieren[76] und Studenten besser lernen, wenn sie von Parkanlagen umgeben sind, als wenn graue Wände das Umfeld bilden. Vielleicht wären manche Manager lernfähiger, wenn sie nicht dauernd wie die grauen Herren, die Michael Ende in *Momo* beschreibt[77], von grauen Anzügen und grauen Wänden umgeben wären?

- dass die mentale Gesundheit in natürlichen Umgebungen und bei Menschen mit viel Naturerfahrung wesentlich besser geschützt ist als in urbanem, künstlichem Ambiente[78, 79].
- Dass der gesundheitsfördernde Effekt der Natur weiter verstärkt wird, wenn der Wald wirklich mit allen Sinnen erfasst wird, wie dies zum Beispiel beim japanischen Waldbaden[80] oder anderen Formen der Naturtherapie passiert[81].

ADHS und Wald

ADHS, die Aufmerksamkeitsdefizit-Hyperaktivitätsstörung, ist weltweit bei Kindern zunehmend. In Deutschland ist derzeit die Altersgruppe von elf bis dreizehn Jahren am stärksten betroffen, 11,3 Prozent sind dabei Jungen und drei Prozent Mädchen. Mehr als jeder zehnte Junge leidet also in unserer Umgebung an ADHS. Die Ursachen für diese Störung, die leider bei dreißig bis fünfzig Prozent der Betroffenen bis in die Erwachsenenzeit hineinreicht, sind derzeit noch nicht bekannt. Man vermutet Entwicklungsstörungen, hat aber keine sicheren Kenntnisse, was genau bei dieser Erkrankung im Gehirn passiert. Beobachtungen von neuronalen Netzwerken im Gehirn ergaben Abweichungen in der Ausbildung dieser Netzwerke, sodass man von Entwicklungsstörungen der Gehirnrinde ausgehen kann. Die am häufigsten beobachteten Symptome sind extreme Unaufmerksamkeit und Hyperaktivität beziehungsweise Impulsivität der Kinder. Auch die Zeitwahrnehmung, die Fähigkeit, Zeiträume abzuschätzen oder für die Zukunft korrekt zu planen, ist bei Kindern mit ADHS gestört. Vielleicht ein Hinweis auf die Defizite an natürlichen Reizen, an förderlicher Umgebung, an Kontakt mit Pflanzen, Tieren und Erde in der frühen Kindheit? War ihnen die Eintönigkeit eines modernen Kinderzimmers mit seinen Plastikoberflächen und der Einfalt seiner Ausstattung zu langweilig? Um wie viel vielfältiger ist doch ein bemooster Waldboden mit all seinen Pflanzen, Rindenstückchen, Ästchen, Baumzapfen und Bucheckern, mit seinen kleinen und großen Tieren und den gewundenen Wurzeln, die sich über den Boden und in die Erde schlängeln? Wie viel interessanter sind die Verästelungen der Bäume, die Baumrinden, die Blätter und die Blüten der Waldflora als Puppenfiguren aus eintönigem Plastik und Kunststoff? Wie sehr wird die Fantasie der Kinder angeregt, wenn sich ein Stück Holz im Spiel zunächst in ein Pferd, dann in einen Wolf und zum Schluss in einen Traktor verwandelt!

Jedes Kind zeigt in seiner Entwicklung Phasen, in denen man es als hyperaktiv bezeichnen könnte. Wenn die Zeit der Integration von Körperbewegungen gekommen ist, wird dieser Bewegungsdrang besonders stark. In dieser Zeit lernt das kindliche Gehirn, mit dem eigenen Körper umzugehen, ihn als präzises Instrument zu gebrauchen. Es lernt die Grenzen und Möglichkeiten, Muskeln anzuspannen und locker zu lassen, Gelenke zu dehnen und mit den Nervenimpulsen zu spielen. Überall, auf der Haut, in den Muskeln, in den Gelenken, in der Haut der Knochen, sitzen Sensoren und melden dem Gehirn die Auswirkung jeder Bewegung und jeder Berührung. Ungeheuer anpassungsfähig sind unser Gehirn und unser Nervensystem. Selbst wenn die »falschen« Nervenfasern, zum Beispiel bei einer Transplantation von Händen, vom Chirurgen miteinander verbunden werden, lernt das Gehirn in wenigen Wochen um und schafft es, die Verbindungen wieder richtig zu interpretieren. Das Gleiche passiert im Körper des Kindes, den ja das kindliche Gehirn zu diesem Zeitpunkt noch nicht kennt. Durch die Bewegungen und durch das Spiel des Kindes können die richtigen Impulse erkannt werden, die Arme und Beine, Hände und Füße dorthin bewegen und dort stoppen, wo das Gehirn Bewegung und Stopp haben möchte.

Wir können sogar bei Tieren wie auch am eigenen Körper erkennen, wann diese Kalibrierung der eigenen Gliedmaßen immer wieder stattfindet: Da alle Sensoren des Körpers aus biologischen Materialien bestehen und daher nicht wie ein Metall- oder Plastikteil starr sind, sondern sich im Lauf zum Beispiel der Nacht verändern, müssen wir am Morgen eine neue Kalibrierung unserer Sensoren auf den durch die Nacht veränderten Körper vornehmen. Wie machen wir das? Genauso wie die Katze oder der Hund, wenn sie erwachen. Wir dehnen und strecken uns, wir gähnen und stellen damit, ohne dass uns das bewusst wird, die Grenzen unserer Bewegungsfähigkeit fest. Der große Vorteil dieser neuen Kalibrierung liegt auf der Hand: Auch im Falle einer Veränderung der Gliedmaßen – zum Beispiel durch eine Verletzung – ist eine neue Kalibrierung problemlos möglich, ohne dass der ganze Körperteil ausgetauscht werden muss, wie dies bei einer Maschine der Fall wäre.

Bild rechts:
Aufenthalt im Wald mindert, sogar nach Informationen des deutschen Umweltbundesamtes, die Symptome aufmerksamkeitsgestörter Kinder.

Auch Giftstoffe scheinen bei der Ausbildung von ADHS eine Rolle zu spielen: So ist das Risiko der Ausbildung von ADHS bei Kindern, die Umweltgiften wie Blei oder polychlorierten Biphenylen (früher in elektrischen Geräten und als Beigabe zu Kunststoffen verwendet) ausgesetzt sind, deutlich größer als bei solchen aus gesunder Umgebung.

Die Wirkung psychischer Faktoren zeigt der Umstand, dass auch das soziale Umfeld eine große Rolle für die Häufigkeit von ADHS spielt. Da Kinder mit ADHS in der Regel äußerst anstrengend sind, kann auch Aggression gegen das Kind in der Familie als Folge der Erkrankung auftreten, sodass man hier Ursache und Wirkung schwer unterscheiden kann.

Tatsächlich haben Studien gezeigt, dass Erlebnispädagogik im Wald diesen Kindern gut helfen kann[82, 83]. Durch interessante Aufgaben wird die Aufmerksamkeit geschult. Komplexe Bewegungsmuster beim Wandern über einen Waldweg oder beim Hochklettern an einem Berghang zwingen das Kind, im Hier und Jetzt zu sein und nicht nach dem Motto zu leben: »Schön ist es auch anderswo, und hier bin ich sowieso!« (Wilhelm Busch)

Eine sehr große neuseeländische Studie mit 50 000 Kindern zeigte, dass Kinder, die nach dem zweiten Lebensjahr im Umfeld grüner Vegetation lebten, um ein Drittel weniger anfällig für ADHS waren als solche, die in einem grauen, städtischen Umfeld wenig Naturkontakte hatten[84]. Interessanterweise gab es auch eine ähnlich starke Verbindung zwischen der Häufigkeit von Antibiotikagabe bei diesen Kindern und dem Auftreten von ADHS. Wie die Autoren feststellen, weist dies darauf hin, dass der Schutz, der vom Grünraum ausgeht, mit großer Wahrscheinlichkeit auch über nützliche Bakterien vermittelt wird. Diese wiederum werden durch Antibiotikagaben zerstört, weshalb gerade in der Kindheit besonders sparsam bis gar nicht mit Antibiotika umgegangen werden sollte. Besonders niedrige ADHS-Werte hatten Kinder der asiatischen und insel-ozeanischen Einwanderer sowie der neuseeländischen Ureinwohner, der Maori. In der Regel essen diese Bevölkerungsgruppen noch wesentlich gesündere Nahrungsmittel, die das Mikrobiom besser unterstützen, als ihre der modernen Ernährung zugetanen Mitbewohner.

Behandelt wird ADHS medizinisch heute vor allem mit Methylphenidat, das unter dem Namen Ritalin bekannt ist. Ritalin ist ein mit dem Koffein, dem Aufputschmittel des Kaffees, verwandter Stoff, von dem man eigentlich erwarten würde, dass er die »Zappelphilippe«, wie ADHS-Kinder volkstümlich auch bezeichnet werden, noch mehr aufputscht. Gerade das Gegenteil ist aber der Fall: Die Kinder werden ruhiger und können sich besser konzentrieren. Was könnte der Grund dafür sein? Zunächst kann man, wenn man Kinder beobachtet, feststellen, dass diese vor dem Schlafengehen unruhig werden. Insbesondere kleine Kinder quengeln herum, können sich nicht mehr konzentrieren und sind sehr anstrengend. Frieden kehrt erst ein, wenn sie diese Phase überwunden haben und eingeschlafen sind. Könnte zumindest ein Teil der ADHS-Kinder einfach übermüdet sein? Sie zu wenig schlafen, weil sie fernsehen oder stundenlang ins Handy schauen? Könnte die Natur ihnen helfen, unabhängiger vom Smartphone zu werden, am Abend durch ausreichend Bewegung müder zu sein und damit früher schlafen zu gehen? Man weiß ja, dass insbesondere die wichtige erste Schlafphase, in der der größte Teil der Gehirnerholung stattfindet, besser ausgeprägt ist, wenn Kinder müde sind und schnell einschlafen.

Leider wurde diese Frage in den bisherigen Studien nicht gestellt und damit auch nicht beantwortet. Mir scheint es jedoch sehr plausibel, dass ADHS auch ein Zustand sein kann, der durch dauernde Übermüdung von Kindern zustande kommt. Dazu trägt auch der frühe Beginn der Schule bei, den Chronobiologen schon seit Jahrzehnten kritisch beurteilen.

Chronobiologen sind Forscher, deren Interesse den biologischen Rhythmen gilt. Es hat sich in den letzten zwanzig Jahren herausgestellt, dass diese Körperrhythmen für die Gesundheit von enormer Bedeutung sind, weshalb auch 2017 der Nobelpreis für Medizin oder Physiologie für die Entdeckung der Rhythmusgene vergeben wurde. Auch ich bin Chronobiologe an der Medizinischen Universität Graz[85], und so haben wir mit mehreren Schulen im deutschsprachigen Raum Projekte durchgeführt, bei denen der Schulbeginn zum Beispiel von 7:30 Uhr auf 8:30 Uhr verschoben worden ist[86]. Auch in Minnesota, USA, wurde so eine Studie an zehn Schulen durchgeführt. Die Ergebnisse waren äußerst ermutigend: Lehrer berichteten von ruhigeren Schülern, die Eltern hatten mehr Zeit, mit ihren Kindern zu frühstücken und die Tätigkeiten des Tages zu besprechen. Freiwillige Nachmittagskurse wurden besser belegt, weil die SchülerInnen weniger müde waren. Die Schlafenszeiten blieben trotzdem gleich, die Kinder verschoben die Tagestätigkeiten nicht einfach in die Nacht. In den amerikanischen Studien wurde zunächst keine bessere Schulleistung bei den Schülern nach der Umstellung auf den späteren Schulbeginn festgestellt. In einer Nachuntersuchung zehn Jahre später waren die Kinder mit späterem Schulbeginn jedoch tatsächlich in den Hauptfächern signifikant besser als die mit frühem Schulbeginn[87]. Schüler in den höheren

Klassen, die in den USA bereits mit dem Auto zur Schule fahren dürfen, hatten auf dem Schulweg um siebzig Prozent reduzierte Unfallzahlen.

Einwände kamen in unseren Studien in Österreich und Deutschland zunächst von den Eltern, die Bedenken hatten, ihren eigenen Arbeitsbeginn nicht umstellen zu können, wodurch eine Versorgungslücke für die Kinder entstehen würde. Aus diesem Grunde wurde eine Übergangsklasse eingerichtet, wo Eltern mit frühem Arbeitsbeginn ihre Kinder schon abgeben konnten. Mit fortlaufendem Schuljahr leerte sich diese Klasse immer mehr, bis sie geschlossen werden konnte. Die Eltern hatten doch Möglichkeiten gefunden, dass zumindest ein Elternteil seinen Arbeitsbeginn etwas weiter nach hinten verlegen konnte. Nach dem ersten Probejahr wurde die ganze Schule auf einen späteren Schulbeginn umgestellt, und es gibt heute Lehrer, die sich bewusst bei diesen Schulen bewerben, damit sie in den Genuss des späteren Aufstehens und damit längeren Schlafs kommen.

Wenn wir nochmals zu den Kindern mit ADHS zurückkommen und vor dem Hintergrund der genannten Befunde feststellen, dass es einerseits der Kontakt mit der Natur, zum Beispiel durch häufige Waldbesuche oder Naturmaterialien wie Holz in der Schule ist, der die Kinder vor dieser Erkrankung schützt, und andererseits eine Übermüdung durch moderne Medien und Smartphones die Ursache sein könnte, wäre es dann nicht besser, den Kindern Natur zu geben anstelle von – oder zumindest vor – Ritalin? Hier müssen die Mediziner wohl noch gewaltig umdenken und die Fortbildung der Ärzte auch in die Hände von Naturpädagogen und nicht nur in die der Pharmaindustrie gelegt werden.

Shinrin yoku: Waldbaden für Kinder – Ein Gesundheitsprogramm erobert die Welt

Zahlreiche Studien haben mittlerweile gezeigt, wie wichtig die Verbindung zur Natur nicht nur für unsere körperliche Gesundheit, sondern auch für unser Wohlbefinden ist. So ergab eine Studie mit über 8000 Probanden, dass verschiedene Dimensionen des Wohlbefindens mit dem Grad der subjektiven Verbindung zur Natur variieren: Dabei hatte der Grad der Verbindung zur Natur die stärkste Auswirkung auf die persönlich empfundene Vitalität, auf positive Gefühle und die Zufriedenheit mit dem eigenen Leben[88].

Shinrin yoku ist der japanische Begriff für »im Wald baden«. Der Ausdruck wurde erst 1982 im japanischen Forstministerium geprägt[89], in einer Kampagne mit dem Ziel, die Bevölkerung verstärkt in die Natur zu bringen und damit medizinische Prävention zu bewirken. Einer der Pioniere des Shinrin yoku war der japanische Professor Miyazaki Yoshifumi, der Direktor des Zentrums für Umwelt, Gesundheit und Feldforschung an der Universität Chiba. Er konnte als Erster die Reduktion von Stresshormonen nach einem Aufenthalt im Wald nachweisen. Weitere Studien zeigten bald, dass der Aufenthalt in Wäldern, aber auch Naturklänge auf Menschen Stress reduzierend und stimmungsaufhellend wirkt[90]. Die Stoffe, die das bewirken, werden von den Pflanzen eigentlich als Abwehr für Bakterien, Schimmelpilze und Insekten produziert. Das nimmt man zumindest an. Die Vielzahl der physiologischen Wirkungen dieser Stoffe beim Menschen spricht jedoch dafür, dass sie nicht nur als Abwehr von Feinden von den Pflanzen entwickelt wurden, sondern vielleicht sogar, um Freunde zu gewinnen. Beim Menschen wirken sie beruhigend, senken den Blutdruck und die Aktivitäten der Gehirnrinde in dem Bereich, der für die Verarbeitung von negativen Emotionen zuständig ist[91]. Auch die Aktivität des Vagusnervs wird erhöht, wie schon beschrieben wurde, und die Herzfrequenz gesenkt[89]. Im menschlichen Immunsystem vergrößern diese Stoffe die Anzahl der natürlichen Killerzellen und verstärken ihre Aktivität[92], ein Effekt, der nachweislich mindestens sieben Tage nach dem Waldbesuch noch anhält. Damit könnte das Waldbaden sogar präventiv gegen Krebserkrankungen wirken, da die natürlichen Killerzellen Proteine zur Bekämpfung von Krebszellen freisetzen[93].

Aber nicht nur die von den Bäumen erzeugten Stoffe sind im Wald gesundheitsfördernd, man nimmt auch an, dass negative Luftionen, die in erhöhter Konzentration vorkommen, einen erfrischenden Effekt erzeugen und die Reinigungsvorgänge in der Schleimhaut der Atemwege verbessern. Tatsächlich verstärken negative Luftionen die Aktivität des Flimmerepithels, sodass die Oberflächen der Schleimhaut schneller gereinigt werden.

Unser Institut hat Messungen an den Krimmler Wasserfällen in Salzburg vorgenommen, wo die Konzentration der negativen Luftionen durch den Wasserfall nochmals drastisch erhöht ist. Subjektiv bemerkt man dies, wenn man sich vom Ort Krimml, durch den Wald kommend, dem Fuß des Wasserfalls nähert. Die Luft wird plötzlich spürbar frischer – und dies nicht nur durch die Kühle der Wassertröpfchen –, man wacht förmlich auf. Derselbe Effekt ist übrigens unter der Dusche zu bemerken, wo ebenfalls durch den Aufprall der Wassertröpfchen zahlreiche

negative Luftionen entstehen. Wenn man am Abend schon recht müde ist und duscht, stellt man einen erstaunlichen Rückgang der Müdigkeit fest. Dieser Effekt ist auf die negativen Luftionen zurückzuführen.

Über die akustisch beruhigende Wirkung der Waldvegetation haben wir schon in einem früheren Kapitel gesprochen. Auch das trägt natürlich zum beruhigenden Effekt des Shinrin yoku bei. Weiters wird die Luft beim Durchstreichen der Blätter und Nadeln von Wäldern gereinigt, und durch die negativen Luftionen werden Feinstaubteilchen aus der Luft ausgefällt, da sie sich zu größeren Partikeln zusammenballen und damit von der Luft nicht mehr getragen werden. Je feiner der Feinstaub, desto gefährlicher ist er für unsere Atemwegsorgane, da er weit in die tiefsten Alveolen (Lungenbläschen) eindringen kann.

Bild links: Messungen bei asthmakranken Kindern nach Aufenthalt an den Krimmler Wasserfällen haben eine deutliche Verbesserung der Symptome, wahrscheinlich durch die Wirkung von elektrisch geladenen Wassertröpfchen, die beim Aufprall des Wassers am Felsen entstehen, ergeben. Während in der Raumluft nur etwa 300 negative Luftionen pro cm^3 vorhanden sind, hat unser Institut bei den Krimmler Wasserfällen 70 000 pro cm^3 gemessen.

Um die subjektive Wirkung negativer Luftionen selbst beurteilen zu können, habe ich vor einigen Jahren ein kleines Gerät gebastelt, das solche Ionen erzeugt. Dieses Gerät stellte ich am Schreibtisch in meinem Bürozimmer an der medizinischen Universität in Graz an die Wand. Bereits nach wenigen Tagen war über dem Gerät eine breite schwarze Spur zu sehen, die sich bis zur Decke zog. Feinstaubteilchen hatten sich unter dem Einfluss der Luftionen zusammengeballt und diese schwarze Spur hinterlassen. Wäre der Feinstaub nicht an der Wand gelandet, dann wahrscheinlich in meiner Lunge. So

Mit einfachen und vor Ort vorhandenen Mitteln lässt sich ein Zelt im Wald aufstellen und schon fühlen sich die Kinder, die mit Begeisterung Äste und Rindenstücke herbeischleppen, wie Waldindianer.

musste ich zwar alle paar Wochen die Wand reinigen, ersparte mir jedoch wesentlich üblere Folgen für meine Lunge.

Verschiedene Faktoren spielen zusammen und bewirken die positive gesundheitliche Wirkung des Waldes, die dann auch besonders bei asthmakranken Kindern zur Geltung kommen kann.

Waldbaden wirkt aber nicht nur über die gute Luft und die Stoffe der Bäume, sondern auch durch die Achtsamkeit und Konzentration, mit der die Tätigkeit ausgeübt wird. Es gibt inzwischen Kurse, in denen man »Waldbademeister« werden kann und dafür die wichtigsten Arbeitsblätter und das Grundwissen übermittelt bekommt (siehe Anhang).

Schon bevor die Waldbadewelle Europa erreicht hat – meine Töchter waren damals noch sehr klein – habe ich mit ihnen aus alten Ästen und Rindenstückchen an einer versteckten Stelle im Wald ein Zelt aufgestellt. Wir fühlten uns wie Indianerinnen und Indianer und genossen die Geborgenheit des vollständig aus Naturmaterialien aufgebauten Zeltes, in das wir uns bei Regen zurückziehen konnten, das von Ferne unsichtbar war und sich in die Atmosphäre des Waldes vollkommen einfügte. Dieses Erlebnis kam dem heutigen Waldbaden sehr nahe.

Der Wald und seine Begleiter

Kinder lieben Tiere

Tiere sind für Kinder eine besondere Faszination, und es ist ein großes Erlebnis, wenn sie aus der Nähe einen unerwarteten Blick auf ein scheues Wildtier werfen dürfen. Die meisten Wildtiere haben leider sehr schlechte Erfahrungen mit Menschen gemacht und lassen sich daher tagsüber kaum blicken. Einer der wenigen positiven Effekte der Corona-Lockdowns – neben den blauen Himmelsgewölben ohne Flugzeugstreifen – war die Wiederkehr der Wildtiere in unsere Dörfer und Stadtränder. Plötzlich zogen Füchse und Wildschweine am Abend durch die Stadtrandgebiete, weil die Menschen weggesperrt waren. An den Meeresküsten, zum Beispiel in Kroatien und Italien, tauchten ganz unerwartet Delphine in den Hafenbecken auf, und sogar ein kleiner Wal verirrte sich in den Hafen einer kroatischen Küstenstadt. Wenn die Menschen nicht so viel Lärm mit ihren technischen Maschinen veranstalteten und sie weniger laut und rücksichtslos wären, hätten wir viel mehr Kontakt mit Tieren, und die Tierwelt und die Menschenwelt würden noch so eng zusammenarbeiten, wie das vor Jahrtausenden oder bei Naturvölkern der Fall war.

Obwohl manche Wildtiere wie Bären (die im deutschsprachigen Raum allerdings kaum vorkommen) gefährlich werden können, ist es fast immer der Mensch, der die Gefahr verursacht, indem er sich zum Beispiel einer Bärenmutter mit ihren Jungen zu sehr nähert oder, am Beispiel von Weidetieren, Kühe absichtlich reizt oder mit schlecht erzogenen Hunden über Kuhweiden spazieren geht. Es ist daher wichtig, bereits als Kind einen taktvollen Umgang mit wilden Tieren zu lernen.

Wenn wir zum Beispiel den Warnruf eines Eichelhähers oder das Gezeter einer Meise oder Amsel hören, die sich durch uns Menschen gestört fühlt, dann haben wir verschiedene Möglichkeiten, damit umzugehen. Die Möglichkeit, die meist gewählt wird: Der Mensch geht ohne Rücksicht weiter oder sogar in die Richtung des zeternden Vogels, was dann zu seiner endgültigen Flucht führt.

Probieren Sie mal einen anderen Weg aus[4]: Achten Sie darauf, ob zum Beispiel eine Amsel oder Meise ihre Annäherung als störend empfindet und losschimpft. Bleiben Sie dann stehen oder gehen sie sogar zwei bis drei Meter zurück und beobachten Sie. Der Vogel bemerkt nun, dass Sie, obwohl körperlich viel größer, Rücksicht auf ihn nehmen. In der Regel hört er dann mit dem Zetern auf. Wenn Sie dieses Verhalten an verschiedenen Tagen mehrmals hintereinander wiederholen, so kann es sein, dass der Vogel sie näher an sich heranlässt. Der Grund des Zeterns liegt nämlich meist nicht in der Annäherung an den Vogel selbst, sondern an der Tatsache, dass in der Nähe des Tieres das Nest mit den Jungen liegt, die als Folge der elterlichen Lautäußerungen sofort ruhig sind. Wenn Sie sich dem erwachsenen Tier weiter nähern, geht dieses davon aus, dass Sie keine guten Absichten haben, und es ergreift die Flucht, auch in der Hoffnung, Sie dadurch vom eigenen Nest ablenken zu können. Wenn Sie jedoch Rücksicht auf die Angst des Tieres um seine Jungen nehmen, haben Sie vielleicht nach mehrfacher Wiederholung einen neuen Freund gewonnen.

Chris du Plessis, ein für seinen achtsamen Umgang mit Tieren bekannter Fotograf, hat viele Wochen damit verbracht, Geparden in freier Wildbahn zu fotografieren. Eines Tages berichtet er von einer ungeheuerlichen Erfahrung: Eine Geparden-Mutter brachte nach Tagen des stillen und unaufdringlichen Beobachtens durch den Fotografen ihre Jungen zu ihm, wenn sie auf die Jagd ging, wohl in der Hoffnung, dass er sie vor jagenden Löwen beschützen würde. Erzählen Sie diese Geschichte Ihren Kindern und lassen Sie sich selbst von den Erlebnissen beeindrucken, die passieren, wenn Sie rücksichtsvoll mit Wildtieren umgehen.

Unterstützung spüren: Der Wald als Beispiel für Kooperation – WWW: Waldweites Web

Eine der faszinierendsten Entdeckungen der letzten Jahre im Zusammenhang mit den Wäldern ist wohl die des waldweiten Netzes (Englisch *Wood Wide Web*), das die Bäume eines Waldes unterirdisch verbindet und Nährstoffe und Informationen zwischen einzelnen Bäumen leitet.

Man wusste bereits aus den Arbeiten der Botaniker Franz Kamieński (1881) und Albert Bernhard Frank (1885), dass Bäume mit Pilzen in der sogenannten »Mykorrhiza« (wörtlich: »Pilzwurzel«) zusammenarbeiten. Dabei gehen bestimmte Pilze eine Lebensgemeinschaft mit Bäumen ein und umspinnen die Baumwurzeln oder dringen sogar (in freundlicher Absicht) zwischen

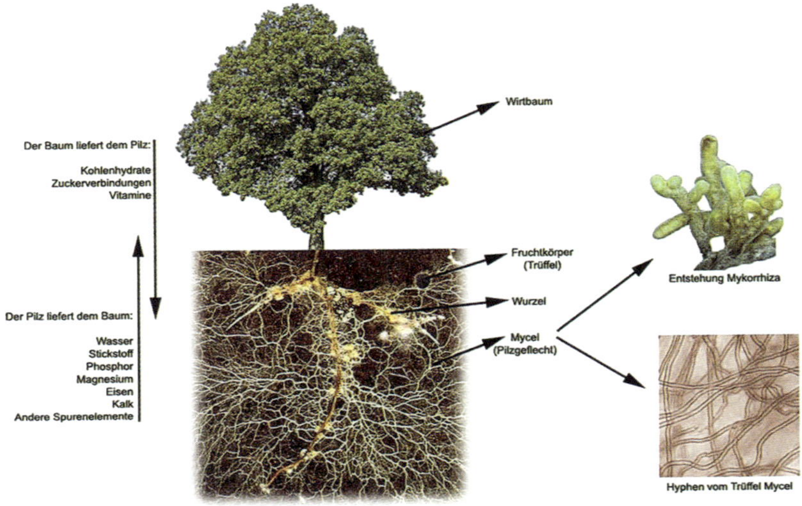

»Mykorrhiza« wird die Lebensgemeinschaft von Baumwurzeln und Pilzen (hier am Beispiel der Trüffel) genannt, die beiden Teilen große Vorteile bringt: Der Baum erspart sich die Ausbildung von feinen Würzelchen und bekommt vom Pilz Wasser, Mineralstoffe und Informationen. Der Pilz erhält vom Baum Zucker und Vitamine, die er teilweise an andere, schwächere Bäume weitergibt.

die Wurzelzellen ein. Der Pilz übernimmt dann die Aufgabe, die feinen Würzelchen auszubilden, die benötigt werden, um Wasser und Nährstoffe aus dem Boden aufzunehmen. Er liefert dem Baum Nähr- und Mineralstoffe sowie Wasser, und das viel besser, als es der Baum alleine könnte. Zusätzlich schützt er den Baum vor Infektionen durch Bakterien oder andere Pilze, ganz ähnlich, wie wir das vom Mikrobiom, den Darmbakterien des Menschen, gehört haben.

Bäume, die ohne symbiontischen Begleitpilz aufgezogen werden, können zwar selbst Fadenwürzelchen ausbilden, werden aber im gleichen Zeitraum nur halb so groß wie solche mit Mykorrhiza und sind lebenslang kränklich. Der Pilz ist notwendig, um den Baum kräftig und gesund zu halten. Für seine Tätigkeit erhält der Pilz vom Baum etwa ein Drittel des durch Fotosynthese gewonnenen Zuckersaftes. Der Baum wächst dafür doppelt so schnell und ist wesentlich gesünder. Ein fairer Handel also zwischen dem Baum und dem Pilz. Wer den empfehlenswerten Film *Avatar* gesehen hat, kennt die Kontaktaufnahme zwischen Lebewesen durch feine Fäden, die der Autor und Regisseur des Films, James Cameron, sehr gefühlvoll darstellt. So ähnlich, nur etwas langsamer, läuft die Kontaktaufnahme zwischen den Pilzfäden und den Pflanzenwurzeln. Kommt der Kontakt erfolgreich zustande, verzichtet die Pflanze auf die Ausbildung eigener Fadenwurzeln und erspart sich damit auch diesen Aufwand.

Wird der Pilz geschädigt, schädigt das allerdings auch den Baum. Mit großer Wahrscheinlichkeit war das Waldsterben in der Zeit, als saurer Regen noch häufig war, primär durch das Absterben von Bodenpilzen durch die vorrübergehende Versauerung der Waldböden verursacht.

Eine weitere positive Eigenschaft der unterirdischen Pilzfäden ist, dass sie Wasser wie ein Schwamm aufsaugen und damit bei Starkregen dafür sorgen, dass das Wasser nicht sofort in die Bäche und Flüsse abläuft, was dramatische Folgen wie Überschwemmungen und Flutkatastrophen hätte. Die Pilze speichern also das Wasser und geben es dann langsam an die mit ihnen verbundenen Bäume ab, wo es für den Transport von Nährstoffen nach oben zu den Blättern oder Nadeln genutzt werden kann. Andernfalls würde das Wasser viel zu schnell in die Täler und ins Meer fließen, und die gesamte Sonnenenergie, die das Wasser verdunstet und damit vom Salz befreit, den Dunst

Das »Internet« der Pilze (engl. *wood wide web* – WWW) verbindet alle Bäume eines Waldes und auch andere Waldpflanzen miteinander und leitet nicht nur Informationen, sondern auch Nahrungsstoffe von Bäumen, die zu viel davon haben, zu jenen mit weniger Zugang zu Nährstoffen.

dann mittels Winden aus dem Meer hebt und in die Gebirge bläst, wäre für die Pflanzen für diesen Zyklus verloren.

Experimentell entwaldete Täler in den USA, die man mit daneben liegenden bewaldeten Tälern verglichen hat, zeigten, dass neben dem Wasser auch der Boden von der Vegetation zurückgehalten und geschützt wird. Der Austrag von Boden durch den Regen ist in kahlen Tälern dramatisch höher als in denen mit bewaldeten Hängen, was die ablaufenden Flüsse dieser waldfreien Täler dunkelbraun färbt.

Normalerweise sind die Mykorrhizapilze vor unseren Augen verborgen, weil sie völlig mit der Erde verwachsen sind. Sie schimmern nur gelegentlich als dünne weiße Fäden durch, wenn wir im Wald ein altes Stück Rinde aufheben und darunter einen Blick auf die Mykorrhizapilze eines nahen Baumes werfen können.

Machen Sie sich, wenn Sie mit Ihrem Kind im Wald unterwegs sind, auf die Suche nach diesem Netz und forschen Sie vorsichtig, eventuell mithilfe einer Lupe, nach diesen feinen Fäden. Zusätzlich zu den Pilzfäden finden Sie sicher viele andere interessante Lebewesen bei Ihrer Schatzsuche.

Einmal im Jahr, bei Trockenheit auch nur jedes zweite oder dritte Jahr, bilden sie jedoch Fruchtkörper aus, die uns sofort ins Auge springen, besonders wenn sie kräftig gefärbt sind. Einen Teil davon schätzen wir als Nahrungspilze, andere sind als Giftpilze gefürchtet: So arbeitet der Herren- oder Steinpilz mit Fichten, aber auch mit Kastanien und anderen Laubbäumen zusammen. Ebenso der gelbe Eierschwamm oder Pfifferling, der sich mit Fichten, der Rotbuche, Eichen oder Kiefern verbinden kann und in ihrer Nähe wächst. Damit sind diese Pilze Teil der Waldgemeinschaft und extrem wichtig für die CO_2-bindenden Eigenschaften des Waldes, für die der Baum Wasser und Nährstoffe benötigt.

Aber auch die Giftpilze arbeiten symbiontisch mit Bäumen zusammen: So bevorzugt der hochgiftige weiße Knollenblätterpilz ähnliche Partner wie der Eierschwamm: die Fichte, der gebräuchlichste Nadelbaum, und dazu noch die Birke. Auch der leuchtend rote Fliegenpilz mit den weißen Tupfen hat sich auf Birke und Fichte spezialisiert.

Was wir als Schwammerl oder Pilze bezeichnen, sind also nur die winzigen Fruchtkörper, quasi die Spitzen des Eisbergs des riesigen Myzels, das sich durch den gesamten Waldboden schlängelt.

Nun haben wir aber noch gar nicht über das gesprochen, was diese Pilzfäden über die reine Kooperation mit dem symbiontischen Wirtsbaum hinaus machen und was offensichtlich erst entdeckt werden konnte, nachdem der Mensch ein ähnliches Konstrukt für die Informationsverteilung zwischen Computern und Smartphones geschaffen hat: das Internet.

In der Geschichte der Biologie und Medizin ist es ja oft so, dass Beobachtungen erst dann gemacht werden, wenn man Entsprechungen in der Technik hat, die ähnlich funktionieren wie ihr biologisches Pendant. So hat man in der Renaissance, als die Technik gerade in der Lage war, hydraulische Leitungen zu bauen, die Tätigkeit der Nerven auch hydraulisch aufgefasst und war der Meinung, dass in den Nervensträngen vom Gehirn Flüssigkeit in die Muskeln gepumpt wird, die diese aufpumpen oder ablassen. Als die Elektrizität entdeckt wurde, hat man relativ rasch auch die Elektrizität in den Nervenfasern erkannt, und der italienische Physiker Alessandro Volta, nach dem die Einheit »Volt« für die elektrische Spannung benannt ist, konnte Froschschenkel mit seinen ersten elektrischen Batterien zum Zucken bringen. Mit der Erfindung der Elektronik war klar, dass elektronische Schaltkreise im Nervensystem arbeiten. Und die Kybernetik hat zu den kybernetischen Gehirnmodellen geführt, die in den 1960er- und 70er-Jahren Mode waren. Später kamen noch die Biochemie und die Molekularbiologie mit all ihren Raffinessen dazu. Man sieht die Relativität des Wissens in der Wis-

Was wir als Pilze kennen, ist nur der Fruchtkörper jener Lebewesen, die unseren Waldbäumen das Leben ermöglichen oder zumindest sehr erleichtern. An bestimmten Plätzen im Wald oder auf Lichtungen können wir im Sommer und Herbst Ringe von solchen Fruchtkörpern finden, die nach feuchtem Wetter aus dem Boden schießen.

senschaft und wird bescheiden, wenn man als Wissenschaftler ehrlich zu sich selbst ist.

Diese Bescheidenheit nimmt noch zu, wenn Wissenschaftler die Errungenschaften der Natur mit den eigenen technischen vergleichen. So hat das Forschungsfeld der Bionik begonnen, in verschiedensten Bereichen architektonische oder technische Konstruktionen aus denen der Natur abzuleiten. Die Kräfteverteilung in Stämmen und Blättern führt zu einer Verstärkung der Pflanze an kritischen Stellen, was mit einem minimalen Materialaufwand ein Maximum an Stabilität ermöglicht. Genau dies war immer schon Ziel der Architektur, die freudig in der Natur entdeckt, was sie mühevoll noch einmal finden müsste. Die Stützen und Verspannungen des Münchner Olympiastadions sind ein Beispiel für ein architektonisches Bauwerk, das dem statischen Netzwerk von Bäumen und großblättrigen Pflanzen nachempfunden ist. Interessanterweise bezeichnete der Architekt des Stadions die verwendete Architektur als »Demokratische Architektur«, in der schwächere Bauelemente von stärkeren gestützt werden. Genau diesen Ansatz haben wir im Kapitel des Waldes als Lebensraum kennengelernt.

Auch der klebrige Fuß des Geckos[94] ist Vorbild für technische Lösungen für Befestigungen, so wie die Haken der am Waldesrand wachsenden Großen Klette biologisches Vorbild für den sprichwörtlichen »Klettverschluss« waren. Als Kinder haben wir sehr gerne (ich muss es zu meiner Schande gestehen!) Früchte der großen Klette in die Haare des Vordermanns oder der Vorderfrau gesteckt, was dann zu allerlei schmerzhaften Racheaktionen der Betroffenen führte.

Vielfach war es auch so, dass erst dann ein Prinzip in der Technik angewendet wurde, wenn dieses auch in der Natur erkannt wurde: So hat man eben das waldweite Netz (WWW) erst entdeckt, als das Internet schon in regem Gebrauch war. Und natürlich gab es hier auch wieder Botaniker, die vehement bezweifelten, dass es diese unterirdische Kommunikation zwischen den Bäumen tatsächlich gab, bis die engagierte kanadische Botanikerin Suzanne Simard den Nachweis erbrachte, dass diese Vermutung Substanz hatte[95].

Über dieses Internet des Waldes läuft nicht nur virtuelle Information wie im menschlichen Internet, sondern auch ein reger

Stofftransport, der offensichtlich weit über die Artgrenzen hinausgeht. Durch die Forschungen von Simard und ihren Kolleginnen und Kollegen wurde gezeigt, dass es Mutterbäume gibt, die größten und meist ältesten Bäume in den Wäldern, die gleichzeitig gigantische Knoten im waldweiten Netz sind[96] und die gute Förster auch stehen lassen, wenn das restliche Waldstück gefällt wird. Diese Mutterbäume unterstützen junge Setzlinge, indem sie Pilzfäden zu ihnen schicken und durch diese Pilzfäden Wasser und Nährstoffe, sodass die Jungen besser wachsen. Die Mutterbäume erkennen auch ihre eigenen Nachkommen und versorgen diese besonders gut mit Nährstoffen. Trotzdem werden auch fremde Jungbäume von den Mutterbäumen sozusagen als Ziehkinder angenommen und ernährt. Damit nicht genug: Die Mutterbäume ändern sogar ihre Wurzelstruktur, um Platz für die Babybäume zu schaffen[96]! Es ist für den Wald extrem wichtig, diese Mutterbäume zu erhalten, auch wenn Teile des Waldes geschlägert werden. Mit diesen Erkenntnissen bahnt sich offensichtlich eine neue Wissenschaft von einer sozialen Ökonomie des Waldes an, die weit über das hinausgeht, was wir bisher von Kooperationen im Pflanzenreich gewusst haben.

Diese kooperativen Formen des Wirtschaftens könnten ein Vorbild für unsere zukünftige Art der Wirtschaft sein: Stellen Sie sich vor, ein großer Wirtschaftskonzern ernährt junge Startups und hilft ihnen dabei, neue Ideen bilden zu können. Er ändert notfalls sogar seine Struktur, sodass Platz in der Wirtschaft für diese Start-ups geschaffen werden kann. Wenn die erzielten Fortschritte und die Ideen dann auch noch der gesamten Menschheit dienlich sind, wie dies bei den Bäumen der Fall ist, so würde sich unsere Welt ziemlich bald zum Guten verändern.

Sogar über die Artgrenzen hinaus läuft diese Kooperation: In ihren Forschungsarbeiten fand Simard heraus, dass Muttertannen zu bestimmten Jahreszeiten auch Nahrungssäfte mit den in Kanada vorkommenden Papierbirken austauschen – Laubbaum an Nadelbaum, Nadelbaum an Laubbaum, je nachdem, welcher Baum gerade Überschüsse produziert. Die Wälder tragen offensichtlich noch viele völlig unerwartete Geheimnisse, aus denen der Mensch lernen kann. Durch Kooperation der Bäume über Artgrenzen hinweg haben die Wälder es geschafft, die hundert Millionen Jahre und alle ihre Krisen zu überstehen und immer wieder nachzuwachsen, wenn Feuerkatastrophen, Vulkanausbrüche, Einschläge von Meteoriten oder, so traurig das ist, der Mensch sie zerstört haben. Mit einem reinen darwinistischen Kampf aller gegen alle wäre die Erde wohl schon längst kahl und tot wie die Planeten Venus oder Mars.

Simard schreibt, dass »diese kooperative Untergrundwirtschaft eine bessere allgemeine Gesundheit, eine umfassendere Fotosynthese und eine größere Widerstandsfähigkeit gegenüber Störungen« in der Lebensgemeinschaft Wald bewirken kann. Lernen wir auch für die menschliche Gesellschaft von dieser schönen Art der Zusammenarbeit, die eine Form von hoher sozialer Intelligenz darstellt. Leider wird die soziale Intelligenz bei den menschlichen Intelligenztests nicht mitgetestet, wir beschränken uns auf Kategorien, die in der Technik benötigt werden.

Ein vernünftiges Internet muss natürlich auch Informationen transportieren können. Und auch das tut das waldweite Netz: So warnen Bäume einander, wenn Fressfeinde ihnen zusetzen. Bei Akazien in der afrikanischen Steppe hat man zum ersten Mal beobachtet, dass Giraffen nur kurze Zeit an einem Baum fres-

Mutterbäume sind uralte Bäume in Wäldern, die besondere Aufgaben erfüllen. Wie eine Mutter unterstützen sie junge und schwache Bäume beim Wachstum und senden ihnen über das waldweite Netz der Pilze Nährstoffe, um sie und den Wald als Ganzes zu stärken.

sen und dann zum nächsten weiterwandern. Es zeigte sich, dass die gefressene Pflanze sofort Bitterstoffe bildete, wenn Blätter verletzt wurden, und den Giraffen das Fressen vergällte. Die Information wird hier über den Wind und sogenannte Pheromone übertragen. Dabei handelt es sich um Botenstoffe, die bei der nächsten Pflanze ebenfalls Bitterstoffbildung auslösen. Giraffen sind nicht blöd und fressen daher gegen den Wind. Das heißt, sie beginnen bei dem Baum, zu dem der Wind weht, und fressen sich dann langsam in Richtung des Windes durch.

Wenn Nadelbäume wie Fichten unter der Rinde von Käfern befallen werden, so wehren sie sich dadurch, dass sie Harze aus-

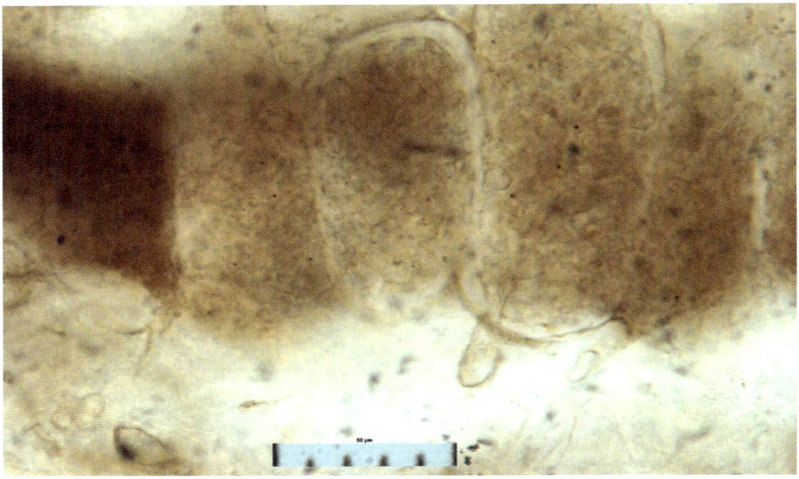

Es war eine Sensation, als man in 410 Millionen Jahre alten versteinerten Holzwurzelzellen (oben) erste Hinweise auf Symbiosepilze fand (blass, rechts unten im Bild) und damit zeigen konnte, dass die Zusammenarbeit zwischen Pilzen und Bäumen schon an der Wiege der Landpflanzen etabliert war. (Mikrobild: M. Krings, München)

schwitzen. Käfer sind davon nicht so begeistert, werden sie doch in kurzer Zeit von den klebrigen Harzen eingeschlossen und im besten Fall als Bernsteininsekten Jahrtausende später berühmt. Harze sind Kohlenwasserstoffe und benötigen neben dem Kohlenstoff, den der Baum aus dem CO_2 der Luft gewinnt, auch noch Wasserstoff, den ihm der Wurzelpilz in Form von Wasser liefert. Ist genügend Wasser da, hat der Baum kein Problem, mit den Käfern fertigzuwerden, schwierig wird es dann für die Käferlarve oder Käfer mit dem reichlich gebildeten Harz. In trockenen Jahren reicht das Wasser jedoch nicht für eine ausreichende Harzbildung aus, und die Käfer feiern Hoch-Zeit. Dieses Problem haben Fichten derzeit in unseren Wäldern, wo einige Jahre hindurch sehr trockene Sommer geherrscht haben. Wenn Sie bei schönem

Wetter in einem Fichtenwald stehen und es klingt plötzlich so, als ob es regnen würde, befinden sie sich wahrscheinlich unter einer von Käfern befallenen Fichte, die gerade ihre Nadeln abwirft, um Wasser zu sparen. Leider wird sie in der Regel in kurzer Zeit den Käfern zum Opfer fallen und kahl sein, falls sie nicht vom Förster ohnehin gefällt wird. Normalerweise warnen die Bäume in unseren Breiten einander, und zwar entweder über die Pilze der Wurzeln oder über Pheromone, die sie an die Luft abgeben, schon vor. Fressfeinde wie Käfer lösen Alarmsignale in den Wurzeln aus, die sich dann im Wald verbreiten und bereits präventiv zu verstärkter Harzbildung führen, sodass den Käfern bei den Nachbarbäumen bereits an der Rinde der Appetit vergeht.

Bereits in Versteinerungen, die 400 Millionen Jahre alt sind, gibt es Hinweise, dass Mykorrhiza, das Zusammenspiel zwischen Baumwurzeln und Pilzen, stattgefunden hat[97]. Wahrscheinlich wären Wälder gar nicht möglich, wenn es nicht dieses gemeinsame Wirken von Pilzen, höheren Pflanzen und natürlich auch den ja hier gar nicht besprochenen vielen Kleinlebewesen gäbe, die im Waldboden für Dynamik und Ordnung sorgen.

Die Großartigkeit des Waldes als Lebensgemeinschaft – Der Wald als Höhepunkt der Pflanzenwelt

Wenn in der Natur die Erde freigelegt oder sogar bis zum Schotter abgetragen wird, sei es durch einen Brand, einen Erdrutsch oder durch den Menschen, so beginnt sofort ein Prozess der Wiederbesiedlung mit Pflanzen, den man als »botanische Sukzession« bezeichnet. In diesem Heilungsprozess schließt die Erde ihre Wunden sofort wieder. Zuerst wagen sich die Pioniere vor, das sind sehr anspruchslose Pflanzen, die auch auf nacktem Sand und gänzlich ungedüngt auf der Erde wachsen können. Sie verfügen über eine außerordentliche Stoffwechseleffizienz, sodass sie mit wenig Aufwand ihre Pflanzenkörper aufbauen können. Gleichzeitig haben ihre Samen gelernt, in großer Zahl und weit zu fliegen oder sich durch Tiere verbreiten zu lassen, sodass auch größere kahle Areale rasch erreicht werden können. Andere Pioniere sind besonders durchsetzungskräftig und haben Werkzeuge entwickelt, um sich auch ohne Samen durch vegetative Vermehrung im Boden auszubreiten wie etwa die Quecke. In Unkenntnis ihrer Bedeutung bezeichnen wir viele dieser Pflanzen, die die verletzte Erde heilen, als »Unkräuter«. Viele Gräser mit einer besonders effizienten Fotosynthese gehören dazu, aber auch Schmetterlingsblütler, die durch eine innige Verbindung mit Stickstoffbakterien in ihren Wurzelknöllchen in der Lage sind, Luftstickstoff direkt für ihre Düngung zu verwenden.

Der Wind trägt dann weitere Elemente des zukünftigen Bodens herbei, zum Beispiel bei bestimmten Wetterlagen Saharasand, die als Dünger oder Substrat Teil des Bodens werden. Blitze von Gewittern düngen den Boden, da sie aus dem Luftstickstoff Nitrate bilden, die mit dem Regen aus der Luft gewaschen werden, Vögel bringen durch ihre Exkremente Phosphor und Spurenelemente in die zukünftige Erde. Wenige Jahre vergehen – und das ehemals kahle Bodenstück ist wieder mit bodennahen Pflanzen besiedelt.

Nun kommt die Zeit der Sträucher, in der sich Pflanzen ansiedeln, die den frisch aufgebauten Boden nutzen, um sich darin festzuhalten und zu ernähren und damit die mittlere Etage zu besiedeln. Immer mehr Arten tauchen in der Pflanzengesellschaft auf und bereichern sie durch Vielfalt und neue Akzente, bis auch die ersten Bäume aufstreben. Nach einigen Jahrzehnten oder auch Jahrhunderten wird dann eine sogenannte Klimaxgesellschaft erreicht. In Mitteleuropa ist diese Klimaxgesellschaft an vielen Standorten ein geschlossener Wald, der durch Pflanzenfresser und den Menschen durch Lichtungen bereichert oder von Wasser durchzogen wird und damit an Artenreichtum gewinnt. Wasserflächen wie Moore sorgen für eine weitere Bereicherung der Landschaft und der Ökologie. Insbesondere die Wälder mit ihrer reichen Fotosynthese sind am besten in der Lage, Licht zu nutzen und Kohlendioxid der Luft zu binden. Tatsächlich hat die Zunahme des CO_2 durch die menschliche Zivilisation bereits zu einer messbaren Erhöhung der Produktivität und des jährlichen Zuwachses von Wäldern geführt, ein Zeichen für die Regenerationsfähigkeit unserer Biosphäre.

In dieser reichen Naturlandschaft eines von Bächen und Seen durchzogenen Waldes fühlt sich der Mensch am wohlsten und kann sein körperliches und geistiges Potenzial am besten verwirklichen. Es lässt ihn die Verbindung zu seiner wahren Heimat Natur spüren und zu sich selbst finden. Jeder, der eine längere Wanderung durch ein solches Gebiet hinter sich hat, wird diese Erfahrung bestätigen. Auch für Kinder ist der Wald ein Ort, an dem ihre Seele wachsen und Erfahrungen für das Leben machen kann.

Natur als Lebensraum

Natur als Lebensraum ist nicht so zahm und bequem wie die eigene zentralgeheizte oder gar klimatisierte Stadtwohnung. Die Jahreszeiten können für Hitze, Kälte oder Nässe sorgen, die uns aus dem Komfortempfinden hinausbringen, allzu heftiger Wind oder Gewitter können uns bedrohen, und auch Naturgefahren wie Steinschlag oder morsche Baumäste, die uns treffen können, gibt es dort. Und doch hat der Aufenthalt in der Natur so viele positive Aspekte, dass Menschen gerade in der heutigen Zeit alles daransetzen, um so viel wie möglich Zeit in der Natur zu verbringen. Was ist der Grund dafür? Zum einen benötigt unser Körper und insbesondere der kindliche Körper genau solche Grenzerfahrungen, um seine Kapazität und seine Resilienz zu stärken. Jedes Organ, das nicht genutzt wird, verkümmert, ob es sich um unsere Muskeln, Sehnen oder Gelenke handelt oder um die Fähigkeit unseres Gehirns – und auch unsere Feinmotorik, die es uns ermöglicht, auch auf schwierigen Wegen balancieren und auf Bäume oder Felsen klettern zu können.

Die Nutzung von Organen fördert zunächst die Durchblutung derselben, was nicht nur Sauerstoff und Nährstoffe in die feinsten Kapillaren bringt, sondern auch Immunzellen, die nach Krebszellen und Mikroorganismen, die uns schaden könnten, suchen. Das Gewebe wird von Schadstoffen befreit und durchgespült. Am Beginn der Blutkapillaren in den Geweben unseres Körpers teilt sich die im Blut enthaltene Flüssigkeit, und ein großer Teil davon geht ins Gewebe, um am Ende der Kapillare wieder in den Kreislauf zurückgesaugt zu werden. Sogar die Stoffwechselendprodukte, die während der Nutzung der Organe entstehen, können zu ihrer Stärkung beitragen: Wird im Muskel Milchsäure produziert, weil er intensiv arbeitet und mehr Sauerstoff verbraucht, als nachliefert, so regt diese Milchsäure den Muskel besonders effizient zur Ausbildung zusätzlichen Muskelgewebes an. So wird der Bizeps stärker, wenn er bis zum Muskelkater trainiert wird.

Der Moosgarten – ein Ort der Stille

Auch im eigenen Garten, ja sogar in einem Glasbehälter im Kinderzimmer kann ein kleiner, aber feiner Waldgarten gestaltet werden. Vor einigen Jahren wurde in der Nähe meines Wohnortes ein Stück Wald geschlägert, und beim Spazierengehen entdeckte ich einen vermoderten Baumstumpf, der der Sonne ausgesetzt war und an dem ein wunderbares Mikro-Moosbiotop gerade dabei war, durch die Trockenheit und Hitze seinen Geist aufzugeben. Schnell war ich mit einem großen Sack zur Stelle und transplantierte das gefährdete Stück Landschaft in der Größe von 1,5 Quadratmetern an einen schattigen Ort in meinem Garten, gleich vis-à-vis von der Stelle, an die ich mich zurückziehe, wenn ich selbst besonders intensiven Kontakt mit der Natur aufnehmen möchte. Gut gewässert mit gesammeltem Regenwasser, erholte sich das Moos sehr rasch, und es stellte sich heraus, dass ich einen Schatz von interessanten Waldpflanzen vor dem Austrocknen gerettet hatte. Einige kleine Heidelbeerstauden und ein ansehnlicher Kleinfarn ragten aus dem vermoderten Baumstumpf, der von fünf verschiedenen Arten von

Moosgärten bringen eine friedvolle und beruhigende Stimmung in den Garten. Wenn Kinder dafür Verantwortung übernehmen, lernen sie nicht nur eine Vielzahl von interessanten Pflanzen und Tieren kennen, sie entdecken auch die Vielfalt im Kleinen und lernen Achtsamkeit für scheinbar unbeachtete Seiten der Natur.

Moos sowie mehreren Flechtenarten bedeckt war. In der Ebene rundherum breiteten sich weitere Moos- und Flechtenarten aus, insgesamt an die zwölf, und gestalteten eine reiche Landschaft im Mikroformat. Im Baumstumpf waren einige Hohlräume sichtbar, in denen Spinnen ihre silbrigen Netze bauten, winzige Höhlen, die sich im Dunkeln des Stammes verloren. Eine graue Schnecke mit gelb gestreiftem Haus, ebenfalls im Mikroformat, wanderte durch die Landschaft. Ich reicherte dieses Biotop noch mit morschen Holzstückchen an, bewachsen von bizarr geformten grünblauen Flechten, und begrenzte es mit verschiedenfarbigen runden Steinen aus dem Bach, sodass eine wunderschöne

Minilandschaft entstand, die ich seither pflege, wann immer ich diesen Ort aufsuche. Schatten liefert eine große Schwarzkiefer in meinem Garten, die schon seit fünfzig Jahren ihre mächtigen Arme in den Himmel streckt und jetzt Nadeln auf das Moosbiotop herabrieseln lässt. Einen Großteil der Nadeln entferne ich regelmäßig, um das grüne Moos danach zu gießen, worauf es glitzernd und frisch meine Augen mit Lebendigkeit und vegetativer Wachstumsemsigkeit erfreut.

So wie Kinder für Tiere Verantwortung übernehmen, können sie auch Verantwortung für solch einen Moosgarten übernehmen. Er verzeiht, wenn sie mal vergessen zu gießen, und wächst sofort weiter, wenn sie sich wieder daran erinnern. Wird das Moos nicht gegossen, so zeigt es durch sein Aussehen relativ rasch an, dass es Wasser benötigt. Es erinnert das Kind daran, dass es Verantwortung trägt und benötigt wird, und zwar viel besser als jedes künstliche Tamagotchi. Die Vielzahl an Pflanzen und kleinen Tieren, die in diesem Miniaturlebensraum wohnt, kann mit einer Lupe oder sogar einem kleinen Auflichtmikroskop betrachtet werden und gibt immer Anlass zu Staunen und Freude.

Literatur zur Bestimmung von Pflanzen, Moos und kleinen Tieren in solchen Lebensräumen ist auch für Kinder geeignet und öffnet ihnen den Blick für die Vielfalt des Lebens, die sogar in einem winzigen Stück Natur zu finden ist. Auch entsprechende Dokumentarfilme können helfen, die Augen für die Schönheit der kleinen Dinge zu öffnen.

Über die unwahrscheinlich interessante Welt der Moose erzählen Bücher wie das von Robin Wall Kimmerer[98], geschrieben aus der Sicht einer kanadisch-indianischen Moosforscherin auf Universitätsniveau, das dem Leser nicht nur naturwissenschaftliche Tatsachen, sondern auch die Mythen ihrer Ahnen näherbringt. Die Autorin ist mit ihrem nächsten Buch (*Geflochtenes Süßgras*[99]) seit 2020 beständig auf der Sachbuch-Bestsellerliste der *New York Times* zu finden, was mich sehr freut, weil Wall Kimmerer das Wissen eines Naturvolkes mit dem naturwissenschaftlichen Wissen einer Universitätslehrerin verbindet und zeigt, dass nur eine ganzheitliche Betrachtung des Lebens auch Anspruch auf Vollständigkeit besitzt.

Das schwebende Waldklassenzimmer

Am Rand des kleinen piemontesischen Dörfchens Baldissero Canavese im Val Chiusella nahe Turin liegt eine höchst ungewöhnliche Schule für Kinder der Grund- und Mittelstufe, die »LiberSchool« der Ökogemeinschaft von Damanhur. Das Gebäude der Schule steht auf einer Lichtung am Rande eines lichten Wäldchens von Kiefern, Buchen und Edelkastanien. Die Wände sind außen mit vielen Pflanzenmotiven bemalt, innen dominieren selbst gebaute Holzmöbel und Naturmaterialien, ähnlich wie bei den Waldorfschulen bei uns. Direkt neben diesem Gebäude beginnen die interessantesten Unterrichtsräume, unter ihnen seit Kurzem auch das »schwebende Waldklassenzimmer«.

Damit die Kinder so viel wie möglich Kontakt zur Natur haben, findet ein guter Teil des Unterrichts im Freien statt.

Über einen schmalen Steig erreichen die Kinder ihren Lieblingsplatz: Entlang des Weges sieht man verschiedene Bäume, die mit zugeschnittenen Zweigen, Kiefernzapfen und Schnüren geschmückt sind. Jedes Kind hat einen Lieblingsbaum, dem es von Zeit zu Zeit Geschenke bringt und mit dem es regelmäßig in Verbindung tritt.

Der schmale Pfad öffnet sich dann zu einem Platz unterhalb eines imposanten Felsenabschnitts. Dort haben die Kinder einen Treff- und Feuerplatz eingerichtet, an dem sie Geschichten erzählen und Feste feiern können. Am Rande des Platzes steht das »schwebende Klassenzimmer«, eine wahrscheinlich weltweit einzigartige Konstruktion. Eine kleine Klasse hat darin Platz und kann trampolinartige Sprünge machen oder sich auf das elastische Gewebe legen oder setzen. Auch der Lehrer oder die Lehrerin nimmt im schwebenden Klassenzimmer Platz. Bei meinem Besuch im Februar war das Wetter sehr angenehm und sonnig und die Schüler konnten im Freien zuerst auf der Lichtung vor dem Wäldchen und dann später im schwebenden Klassenzimmer ihren Unterricht genießen.

Bild links: Kleine Geschenke erhalten die Freundschaft! Jedes Kind in der Waldschule von Baldissero Canavese hat einen »befreundeten« Baum, auf den es achtet, schmückt und dem es kleine Geschenke bringt. Das verstärkt die persönliche Beziehung zur Pflanzenwelt und schult die Aufmerksamkeit für die Natur.

Auf der Lichtung wurden verschiedene Geschicklichkeitsspiele ausgeführt, unter der Anleitung eines sehr emphatischen jungen Lehrers, Lepre Banyan, der seit fünf Jahren an der Schule unterrichtet. Zuerst befestigten die Kinder färbige Schwänzchen an ihren Rücken. Aufgabe der folgenden Übung war es, den jeweils anderen die Schwänzchen wegzunehmen, ohne das eigene zu verlieren. Dies geschah sehr konzentriert und mit großer Begeisterung. Wer sein Schwänzchen verlor, durfte sich ausruhen, der Rest versuchte sich weiter in Geschicklichkeit. Bis hierhin könnte man das Ganze für ein lustiges Geschicklichkeitsspiel halten, wie es auch bei uns im Turnunterricht möglich wäre. Der einzige bemerkbare Unterschied war der Ort des Spiels – direkt im Freien auf der Waldlichtung.

Als am Schluss alle bis auf einen den Kreis verlassen hatten, setzte ein neuer Abschnitt ein: Nun stellten sich die Schülerinnen und Schüler erneut im Kreis auf und der Lehrer gebot ihnen, die Augen zu schließen, in den Körper und die Umgebung hineinzuhören, zu spüren und sich mit der Landschaft zu verbinden. Ganz konzentriert und ungestört von meiner Anwesenheit führten die Kinder diese konzentrative Tätigkeit aus. Danach berichteten sie kurz, was ihnen besonders bemerkenswert an dem Spiel erschienen war, unter großem Gelächter und mit Anteilnahme aller.

Das nächste Spiel war eine Art Blindekuh-Spiel, bei dem die »blinde Kuh« jeweils erraten musste, wo die anderen standen, und dann versuchte, die Erratenen zu erhaschen. Den Abschluss als blinde Kuh machte der Lehrer, was allen eine besondere Freude zu machen schien. Auch hier folgte nach der Bewegung eine konzentrative Achtsamkeit, nach der rückgemeldet wurde, was beim Spiel bemerkenswert erschienen war.

Ich fand diesen konzentrativen Teil äußerst ungewöhnlich und bemerkenswert für Kinderspiele, wie ich sie aus üblichen Schulen kannte. Beim Gespräch mit dem Lehrer erfuhr ich, dass dieser über die Jahre eine immer bessere Fähigkeit der Kinder beobachtet hatte, sich zu konzentrieren und achtsam zu sein. Er erzählte mir, dass zwei der Schülerinnen erst seit Kurzem die Klasse besuchten, während die anderen schon drei bis fünf Jahre in seiner Obhut waren. Er meinte, dass er eine wesentlich größere Achtsamkeit bei den langjährigen Schülerinnen und Schülern beobachtete als bei den frischen, dass aber auch diese schon Fortschritte zeigten.

Nun ging's ab zum schwebenden Klassenzimmer, wo die Kinder ihren Bewegungsdrang zunächst einmal durch gemeinsames Hüpfen austoben konnten. Eine konzentrative Phase, in der sich die Schülerinnen und Schüler auf den elastischen Boden des schwebenden Klassenzimmers legten, folgte. Zunächst lagen sie am Rücken und fokussierten sich auf die Stimmung und die Geräusche des Waldes und der Umgebung sowie auf ihren eigenen Körper und achteten darauf, wo die Bewegung besonders spürbare Spuren im Körper hinterlassen hatte. Jedes Kind hatte ein kleines Säckchen bei sich, etwa in der Größe einer großen Geldtasche, das aus einem Stoffmaterial offensichtlich selbst gefertigt worden war. Dieses Säckchen legte sich nun jedes der Kinder zunächst auf den Bauch und schloss die Augen, worauf der Lehrer vorsichtig versuchte, das Säckchen ohne Berührung der Kinder wegzuzupfen. Sobald das Kind bemerkte, dass seine Börse im Verschwinden war, machte es ein Tiergeräusch, jedes Kind ein anderes. Der Lehrer musste dann das Säckchen wieder loslassen und sich zum nächsten Kind pirschen. Diese Übung wurde von allen Kindern geschafft, sodass der Lehrer keines der Säckchen an sich nehmen konnte.

Im schwebenden Klassenzimmer können die Kinder nicht nur ihren Bewegungsdrang ausleben, es wird auch für Sensibilisierungsübungen genutzt: Hier sollen die Kinder erkennen, wenn ein Säckchen von ihrem Körper weggezogen wird.

Nun drehten sich die Kinder um und nach einer kurzen Konzentrationsphase wurden die Säckchen auf ihre gelegt. Wieder versuchte der Lehrer, ein Säckchen nach dem anderen hochzuheben, und bis auf zwei Kinder bemerkten alle Kinder den versuchten »Raub«. Der Lehrer warf mir einen bedeutungsvollen Blick zu: es waren die zwei Neulinge, die es noch nicht schafften, gleich viel Aufmerksamkeit auf die Börse zu richten wie in der ersten Hälfte des Spiels.

Wir kehrten dann gemeinsam zur Schule zurück und ich war sehr erfreut über die Fragen, die die Kinder nunmehr mir stellten und die großes Interesse an meinem Buch und meiner Arbeit erkennen ließen. In der Schule zeigte mir der Lehrer dann einen Plan für ein Ferienlager, das Kinder der Schule aber auch Externe besuchen konnten. Unter den Wettbewerben, die dort stattfanden, waren neben verschiedenen Geschicklichkeitsspielen, Weit- und Hochsprung, Feuermachen und Theaterimprovisation auch zwei, die ich sonst nirgends auf der Welt auf einem Lehrplan einer Schule gefunden hatte: Das eine war die Suche von Wasseradern mit der Wünschelrute, das andere Telepathie, also die Gedankenübertragung von einem Kind oder einer Kindergruppe auf ein anderes. Auf der Ergebnistafel, die der Lehrer mir zeigte, waren die Resultate der letzten Gruppen eingetragen. Insgesamt hatten drei verschiedene Gruppen an den Wettbewerben teilgenommen. Jene Gruppe, die besonders gut mit der Wünschelrute umgehen konnte, zeigte auch besonders gute Leistungen bei der Gedankenübertragung. Das war nun ein sehr erstaunliches Ergebnis, weil es darauf hindeutete, dass es begabtere und weniger begabte Kinder in diesen Bewerben gab, die in einer normalen Schule wahrscheinlich höchstens belächelt worden wären. Liegen hier Fähigkeiten brach, die in unserem Schulsystem völlig untergehen, weil niemand wirklich an sie glaubt? Wenn wir solche Fähigkeiten ähnlich intensiv unterrichten würden wie Mathematik oder Sprachen, könnten wir dann möglicherweise diese verborgenen Fähigkeiten ebenso ausbilden wie die Fähigkeit, mit Differenzialgleichungen oder Integralrechnung zu arbeiten? Spannende Fragen, von denen ich nicht weiß, ob sie jemand im staatlichen Schulsystem jemals gestellt hat.

Insgesamt machten die Kinder einen sehr fröhlichen, ausgeglichenen und auch mir als Fremdem gewogenen Eindruck. Sie zeigten mir dann begeistert das Naturkunde-Kabinett, in dem von ihnen im Wald gesammelte Schädel von Kleintieren, Teile von Pflanzen und Spuren von Tieren ausgestellt waren.

Es ist selbstredend, dass in dieser Schule auch Gartenbau unterrichtet wird und die Schüler die wichtigsten Fähigkeiten erlernen, Nahrungsmittel für sich und andere zu erzeugen. Auch in Waldorfschulen ist dies üblich und meines Erachtens in einer Welt der Unsicherheiten, in der wir heute leben, unter Umständen zu einem späteren Zeitpunkt lebensrettend. Tief beeindruckt und mit dem Winken der Kinder im Herzen verließ ich das Grundstück der Schule und dachte mir, wie viel unsere konventionellen Schulen und unsere Lehrerinnen und Lehrer von solchen experimentellen Schulen lernen könnten. Was mich am meisten beeindruckte, war die Zuwendung und Freundlichkeit, mit der die Lehrpersonen mit ihren Schützlingen in dieser Schule umgingen. Man bemerkte eine Begeisterung für den Unterricht, wie ich sie in den staatlichen Schulen, die ich selbst besucht hatte und auch aus zahlreichen Vorträgen während meiner Zivildienstzeit kannte, leider noch nie erlebt habe.

Holz als Material für Kindergärten und Schulen: Die Ergebnisse zahlreicher Studien

Eine Fülle von Untersuchungen der letzten Jahrzehnte hat gezeigt, welch wertvolles Material naturbelassenes Holz für Kindergärten und Schulen sein kann. 2012 wurde ich in München von einer Kindergarteninitiative eingeladen, die einen mit viel Holz ausgestatteten Gemeinschaftskindergarten in der Peripherie der Großstadt errichtet hatte. Ich berichtete von den japanischen Studien, die allein durch die Berührung von Holz eine Abnahme der Herzfrequenz, eine Zunahme der Vagusaktivität und eine Beruhigung von Gehirnarealen im Stirnhirn festgestellt hatten, die für die Stressverarbeitung zuständig sind. Außer der offensichtlich beruhigenden und entspannenden Wirkung geht von der Verringerung der Herzfrequenz eine Entlastung des Herzens aus, und die Erhöhung der Vagusaktivität ist die beste Prävention gegen entzündliche Erkrankungen wie Diabetes, Herz-Kreislauf-Erkrankungen und die zahlreichen Krebserkrankungen, die heute als Geißel der Menschheit gelten.

Großes Erstaunen lösten Bilder aus, die unsere Messgeräte für weltraummedizinische Messungen in der russischen Raumstation MIR zeigten, bei denen wir die Sensorgehäuse aus Apfel- und Weißdornholz gemacht hatten. Diese Sensoren und ihre Gehäuse waren in der Lage, den Gesundheitszustand aller Kosmonauten zu messen, die in den 1990er-Jahren die Raumstation MIR bevölkerten. Auch der längste Raumflug der Geschichte mit Waleri Poljakow wurde auf diese Weise dokumentiert.

Andere Studien zeigen, dass schädliche Mikroorganismen auf Holzoberflächen bereits nach einem Tag verschwunden sind, während sie auf Edelstahl drei Tage überleben und auf Plastik sogar neun Tage[100]. Auch die geschmackliche und ernährungsphysiologische Qualität zahlreicher fermentierter Lebensmittel wie zum Beispiel Käse, Sauerkraut oder Joghurt ist wesentlich besser, wenn diese in Holzgefäßen zubereitet werden als in Plastikgefäßen[101]. Schneidbretter, auf denen Lebensmittel zubereitet werden, sind – ganz entgegen der landläufigen Meinung – wesentlich hygienischer, wenn sie aus Holz und nicht aus Plastik bestehen. Während Plastik zwar am Beginn eine glatte Oberfläche besitzt und sich daher gut reinigen lässt, stellen Kratzer oder Schnitte auf den Schneidbrettern, die sich nach wenigen Nutzungen einstellen, ein echtes Hygieneproblem dar, da sich hier lebensfähige Keime verstecken können. Nicht so beim Holz: Wenn ich ein nasses Schneidbrett auf das Abtropfblech stelle, so staune ich jedes Mal, wie nach wenigen Minuten das Holz an der Oberfläche vollkommen getrocknet ist. Die Feuchtigkeit wird nach innen gesaugt, womit den Bakterien die Lebensmöglichkeit entzogen wird. Durch die Geschwindigkeit dieser Austrocknung können die Mikroorganismen auch keine Dauerformen bilden, was beim Plastik, das diese trocknende Eigenschaft nicht besitzt, der Fall sein kann. Außerdem sind im Holz Stoffe eingelagert, wie zum Beispiel Gerbsäuren, aber auch die schon besprochenen ätherischen Öle, die das Bakterienwachstum hemmen und eine Ausbreitung von schädlichen Mikroorganismen verhindern. Diese Stoffe sind über lange Zeit wirksam und schützen in der Natur hundertjährige Bäume vor der Zersetzung durch Pilze oder Bakterien. Sowohl Hartholzbretter als auch weiches Holz wie Zirbe sind aufgrund dieser gesammelten Eigenschaften bestens als Schneidbretter geeignet. Das geht soweit, dass eine wissenschaftliche Arbeit sogar die Verwendung von Eichenholz in medizinischen Operationsräumen aufgrund der positiven bakteriologischen Eigenschaften von Holz empfiehlt[102]. Trotz dieser Erkenntnisse wurde ein Bioladen in Österreich nach einem Besuch der Hygienebehörde aufgefordert, seine Holzkochlöffel und Holzschneidbretter umgehend gegen solche aus Plastik auszutauschen. Dank der Literatur, die ich dem Bioladen in weiterer Folge zur Verfügung stellte, wurde die vorgeschriebene Strafe, da der Bioladen der Anordnung aus berechtigten Gründen nicht folgte, nach jedem Einspruch immer mehr reduziert, da die wissenschaftliche Evidenz dem Glauben der Hygienebehörde diametral widersprach. Schließlich wurde sogar die Hygieneverordnung geändert, da die wissenschaftliche Literatur[102] offensichtlich den Irrtum in Bezug auf die bis dato für so hygienisch gehaltenen Plastikwaren widerlegte. Es wäre sehr schön, wenn die Vernunft und das Wissen, das aus Traditionen über Jahrhunderte überliefert worden ist, nicht nur in diesem Bereich gegenüber industrieller Propaganda siegen würde.

In einer weiteren Studie mit Schulkindern in vier Klassen in einer Hauptschule der Steiermark konnten wir zeigen, dass diese mehr als 8600 Herzschläge, also zwei Stunden Herzschlag pro Tag, einsparten, wenn sie ihre Schulzeit in einer der beiden Klassen aus Massivholz verbrachten. Sie waren dann im Gegensatz zu ihren Vergleichsschülern in zwei konventionellen Klassen mit Gipskartonwänden in der Schulzeit wesentlich entspannter als in der Ferienzeit in ihren Heimathäusern.

2017 und 2018 begann sich dann in Skandinavien das Interesse an Krankenhäusern aus Holz zu regen. Obwohl die Filderklinik bei Stuttgart seit den 1970er-Jahren ganz ausgezeichnete Erfahrungen mit der Verwendung von Holz in Patientenzimmern und auch in den Zimmern des Pflegepersonals und der Ärzte gemacht hatte, wurde dieses Beispiel kaum kopiert und hatte nicht den Beispieleffekt, den es verdient hätte. Vorträge über unsere und andere Forschungen zur medizinischen Wirkung von Holzoberflächen in Kuovala (Finnland) sowie in Bergen und

Kristiansund (Norwegen) fanden großen Anklang und regten auch dort Forschungen zu diesem Thema an. Trotzdem haben wir es bisher nicht geschafft, Holz im Schul-, Kindergarten- und Krankenhausbau durchgängig zum Standard werden zu lassen.

Dafür gibt es über 200 Tischlereien, die aufgrund unserer Studien Betten aus Zirbenholz[66, 103] herstellen, und einen großen Boom von Einfamilienhäusern und auch öffentlichen Gebäuden, die in Massivholzbauweise – zum Beispiel von der Firma Erwin Thoma – gefertigt werden. Zahlreiche Gespräche mit jungen Familien zeigen auch, dass insbesondere Eltern mit Kindern, die diese gesund aufwachsen lassen wollen, immer mehr zu natürlichem unbehandelten Massivholz greifen, wenn sie sich ein Haus bauen.

Bilder rechts:
Schulklasse mit Holz als Basismaterial, gebaut in unserer Versuchsschule in Haus im Ennstal (Österreich)

Gerne gebe ich Ihnen ein paar Tipps, falls Sie selbst Interesse haben, ein Holzhaus zu bauen:

1. Je weniger innere Oberflächen eine Holzwand hat, desto geringer ist die Gefahr von Kondensationsbildung. Das bedeutet, dass zum Beispiel Massivholzwände länger haltbar sind als solche, bei denen durch Folien im Inneren der Wand Wassertröpfchen entstehen, wenn es draußen kalt ist. Wassertröpfchen können die Widerstandsfähigkeit des Holzes gegenüber Pilzen vermindern, sodass solche Mehrschichtwände eine geringere Lebenserwartung haben als reines Massivholz.

2. Im Innenbereich kann Holz unbehandelt bleiben und hat dann seine beste Wirkung als Puffer für Feuchtigkeit und Wärme. Nur dort, wo Holz dauerhaft Nässe ausgesetzt ist wie im Badezimmer oder im Freien, sollte es behandelt werden,

und zwar giftfrei und biologisch, zum Beispiel mit Leinöl oder Bienenwachs oder geeigneten Produkten aus dem Bioladen, wo Sie auch gut zur biologischen Holzbehandlung beraten werden.

3. Der beste Holzschutz ist ein baulicher Holzschutz, bei dem das Holz vor Beregnung und Spritzwasser, zum Beispiel durch einen großen Dachüberstand, geschützt wird. Trockene Holzflächen halten, sogar unbehandelt, viele Jahrzehnte, mit den Schlägerungs- und Trocknungsmethoden unserer Vorfahren sogar Jahrhunderte.

4. Natürliches Holz kann nach einer langjährigen Nutzung jederzeit entweder wiederverwendet oder im Ofen verbrannt und zu Wärme gemacht werden. Der Mensch gibt dann der Natur die vom Baum aufgespeicherte Sonnenenergie wieder zurück, die durch das Holz bewirkte negative Kohlendioxidbilanz wird beim Verbrennen wieder auf null gestellt.

5. Sowohl die Wiederverwertung als auch die Verbrennung wird äußerst problematisch, wenn das Holz als Verbundmaterial gemeinsam mit größeren Mengen an Kunststoffen verarbeitet wurde. Kunststoffe befinden sich etwa in Leimen, mit denen Holzverbundmaterialien zusammengeklebt werden. Ganz schlimm sind in dieser Hinsicht Spanplatten, die zu einem großen Teil aus Kunststoff bestehen und nur in Spezialöfen wieder verbrannt werden können, keinesfalls im Holzofen zu Hause, da dabei schwere Gifte freigesetzt werden. Nicht nur im Sinne einer späteren Generation macht es daher Sinn, sich genau zu überlegen, welche Formen von Holz man im Wohnbau und auch bei Möbeln verwendet. Massivholz ist jedenfalls die beste Wahl, wenn man seinen Kindern nicht ein Sondermülllager hinterlassen möchte.

Die Holzindustrie wäre hier sehr gefordert, für den großen Bedarf an zukünftigen Holzhäusern Leime und Verbundmaterialien aus biologischem Ursprung zu entwickeln und durchgängig einzusetzen. Es gibt vielversprechende Ansätze zum Beispiel mit Kartoffelleim oder natürlichen Harzen, die die derzeitigen erdölbasierten Kunststoffe ersetzen könnten. Leider wird immer noch viel zu wenig Forschung auf diesem Gebiet der Naturmaterialien gemacht.

Recht der Jugend auf Zukunft – Vorrang des Überlebens der Erde gegenüber Gier- und Geldgesellschaft

Kinder und Jugendliche haben noch viel stärker als Erwachsene einen Sinn für Gerechtigkeit, für bedrohte Tiere und für die Natur. Sie sind bereit, dafür auf die Straße zu gehen und sich zu engagieren, wie man weltweit an den »Freitagsstreiks« sieht, und sie bringen viel Idealismus mit, der uns Erwachsenen teilweise fehlt. Wie schön könnte doch die Welt sein, die wir unseren Kindern hinterlassen: Wir sind wahrscheinlich derzeit in einer der reichsten Phasen der Menschheit, in der Nahrungsmittel und Energie für viele Menschen im Überfluss verfügbar sind. Wissen ist nicht nur reich vorhanden, sondern auch jederzeit über das Internet zugänglich, auch dies in bisher nie gekanntem Ausmaß. Nutzen wir doch diese Reichtümer, um daraus Werte zu schaffen, für die uns unsere Kinder dankbar sein werden:

- Wir wissen heute, dass wir die Erde dauerhaft fruchtbar machen können, indem wir zum Beispiel Methoden wie die Permakultur[104, 105] und Agroforestry[106] anwenden, in der biologische Landwirtschaft mit Baumwirtschaft verbunden und dadurch der Boden viel besser erhalten und aufgebaut wird, als das bei jährlichem Pflügen unserer Felder möglich ist: Integrieren wir daher die Permakultur in alle unsere Land- und Forstwirtschaftsformen!
- Wir wissen, dass biologische Landwirtschaft wesentlich gesündere Lebensmittel hervorbringt[107], die Artenvielfalt von Tieren ebenso stärkt wie die Gemeinschaft der Mikroorganismen im Boden, die dadurch leistungsfähiger und besser geeignet werden, um wertvollen, zukünftigen Boden aufzubauen: Stellen wir die gesamte Landwirtschaft auf biologische Basis um!
- Das neue Bio-Ziel der deutschen Bundesregierung strebt an, bis 2030 mindestens 30 Prozent der Landwirtschaft auf biologische Basis zu stellen. Der Demeter-Verband hat sehr treffend dazu bemerkt, was die Grundvoraussetzungen dafür wären, wenn man es ernst meint:
  - 30 Prozent der Fördermaßnahmen im Agrarbereich, bei Investitionsbeihilfen, gemeinsamer Agrarpolitik sowie Förderprogrammen müssen für den Aus- und Umbau zu ökologischer Landwirtschaft bereitgestellt werden.
  - 30 Prozent der Speisen in öffentlichen Kantinen und Mensen sollten aus Bio-Produktion stammen. Ernährungsräte bzw. Beratungsdienste sollten zum Einsatz von mehr Bio in Firmenkantinen beratend zur Seite stehen.
  - 30 Prozent der Gelder für die Agrarforschung müssen in Projekte fließen, die für den Ökolandbau wichtige Fragen bearbeiten.

- 30 Prozent Bio müssen sich in Lehrplänen und Ausstattungen für die Berufsausbildung an den landwirtschaftlichen Hochschulen sowie in der Beratung widerspiegeln.
- 30 Prozent der Personalkapazität in den Ministerien und Behörden sollten sich den ökologischen Fragen und Förderungen widmen.

(Quelle: www.demeter.de/aktuell/forderungen-30-prozent-bio)

Wie weit sind wir davon, bei allen Lippenbekenntnissen, in Wirklichkeit noch entfernt!

- Wir wissen, dass indigene Völker es geschafft haben, meterdicke Mutterböden aus schwarzer Erde (Terra preta) aufzubauen, auf denen sie ihre Nahrungspflanzen dann ohne chemische Hilfsmittel mit hoher Fruchtbarkeit und hohen Nährstoffgehalten anbauen konnten. Lernen wir von diesen Völkern, wie man eine elegante und chemiefreie Landwirtschaft unter Nutzung biologischer Kreisläufe über Jahrtausende aufbauen und erhalten kann.

- Wir wissen, dass traditionelle Sorten von Gemüse, Getreide und Obst weniger Kunstdünger und Spritzmittel benötigen[108], da sie natürlicherweise weniger Zucker und dafür mehr Antioxidantien enthalten, die sie vor Schädlingen schützen. Dadurch sind sie auch für unsere Gesundheit besser. Verwenden wir in unserer Land- und Forstwirtschaft gezielt traditionelle Sorten anstelle von hochgezüchteten Hybridsorten, weil die traditionellen Sorten sich über Jahrhunderte bewährt haben und samenfest sind[109], das heißt, dass sie jedes Jahr aus den eigenen Samen wieder gezogen werden können!

- Wir wissen, dass unsere industrielle Überaktivität große Teile des Ökosystems bedroht und schädlichen Einfluss auf viele Bereiche des lebenden Planeten Erde hat. Lernen wir von indigenen Völkern, die es geschafft haben, über Jahrtausende friedlich mit Tier- und Pflanzenwelt zusammenzuarbeiten. Schließen wir Frieden mit dieser Tier- und Pflanzenwelt, reduzieren wir unseren Energie- und Materialverbrauch und kaufen wir langlebige Produkte anstatt schnelllebiger!

- Wir wissen – spätestens nach dem Lesen dieses Buches –, dass Kontakt mit der Natur uns mit unserer ursprünglichen Heimat verbindet, mit Mutter Erde, die heilende und gesundende Wirkung auf uns hat. Verbringen wir mehr Zeit in der Natur und lernen wir, diese und ihre Bewohner aufmerksam und wertschätzend zu beobachten und zu behandeln. Lassen wir uns auf die Natur ein und nehmen wir uns Zeit, die Kreisläufe der Natur zu bewundern und zu bestaunen!

- Wir haben keine Ahnung, welchen nachteiligen Einfluss gentechnologisch veränderte Organismen langfristig auf unsere Umwelt und vielleicht auf unsere Gesundheit haben. Verzichten wir auf gentechnologisch veränderte Organismen in unserer Nahrungskette und beschließen wir ein Moratorium für die derzeitige gentechnologische Forschung, die aufgrund falscher Versprechungen und Verharmlosung von Schadwirkungen in den letzten Jahrzehnten überbordende Ausmaße angenommen hat, obwohl ein Großteil der Bevölkerung diese Gentechnik gar nicht will.

- Geben wir unseren Kindern die Chance, eine ähnlich schöne und glückliche Erde zu erleben, wie wir sie in unserer Kindheit hatten und verstehen wir die Bemühungen der Kinder, diese wunderbare Welt auch für ihre Generation zu erhalten!

Von der Erschaffung und von der Vertreibung aus dem Paradies

Im letzten Kapitel dieses Buches möchte ich Ihnen aus dem großartigen Buch *Geflochtenes Süßgras* von Robin Wall Kimmerer[99] zwei Geschichten erzählen, die Sie Ihren Kindern gerne weitererzählen können. Die eine Geschichte erzählt die Schaffung eines Paradieses durch die indianische Gottheit, die dem Stamm der Potawatomi heilig war und als Stammesmutter betrachtet wird. Robin Wall Kimmerer ist Angehörige dieses Stammes, der seine ursprüngliche Heimat auf einer Insel der großen Seen zwischen den USA und Kanada hatte.

Die Geschöpfe der Erde waren schon alle geschaffen, wohnten aber noch im Wasser in einer nebeligen und von dichten Wolken eingehüllten Wasserwelt. Eines Tages brach ein Sonnenstrahl durch die Wolken, und auf diesem Sonnenstrahl kam, kreisend ähnlich einem geflügelten Ahornsamen, die Himmelsfrau und Muttergöttin der Potawatomi heruntergesegelt. Wilde Gänse fingen den Fall der Himmelsfrau sanft auf und brachten sie sicher zur Wasseroberfläche.

Kein Land war in Sicht und da alles Wasser war, eilte eine große Schildkröte herbei und stellte ihren Panzer der Himmelsfrau als Ruheplatz zur Verfügung. Da die Muttergöttin auch noch schwanger war und demnächst gebären sollte, hielten die Tiere Rat, wie sie einen dauerhaft trockenen Platz für die Neuankömmlinge schaffen könnten. Einige Tiere erinnerten sich, dass sie in großer Tiefe Schlamm gesehen hatten, den man zum Bau einer Insel verwenden könnte. So sehr sie jedoch eines nach dem anderen in die Tiefe tauchten, die Luft ging ihnen zu früh aus, und sie konnten den Schlamm zwar sehen, aber nicht erreichen. Da erbarmte sich die Bisamratte, die nicht gerade als besonders guter Taucher galt, der Muttergöttin und erklärte sich bereit, einen letzten Tauchversuch zu wagen. Sie nahm all ihre Kraft zusammen, strampelte und verschwand in der Tiefe, aus der sie lange, lange Zeit nicht zurückkehrte. Schon hatten die anderen Tiere die Hoffnung aufgegeben, die Bisamratte jemals wiederzusehen, als plötzlich ein Wasserschwall zu hören war und die Bisamratte an die Oberfläche schnellte. Hastig eilten die anderen Tiere zu ihr, doch das arme Tierchen trieb nun leblos auf dem Wasser. Doch zwischen seinen Pfoten, welch Wunder, hatte es ein wenig von dem Schlamm aus der Tiefe mitgebracht. Die Himmelsfrau nahm diesen Schlamm und strich ihn auf den Panzer der Schildkröte, wo er sich ausbreitete und immer größer und größer wurde, bis daraus die heutige Schildkröteninsel in dem großen See entstand, das Heimatland des Potawatomi-Stammes.

Bei ihrem Fall aus dem Himmel hatte die Himmelsfrau sich an Zweigen des Lebensbaumes festgehalten und dabei ein Büschel aller möglichen Samen aus dem Himmel mitgebracht, die sie nun in die rohe Erde der Insel pflanzte und sorgsam hegte. Daraus entstand ein grünes Paradies, das auch Tiere anlockte und den Menschen des Potawatomi-Stammes Nahrung, Erquickung, Heilpflanzen, Holz und all das gab, was man für ein glückliches Leben benötigte. Die aus dem Himmel gefallene Frau hatte auf der Erde ein neues Paradies aufgebaut.

In der anderen Geschichte geht es um die Vertreibung aus dem Paradies, und wir alle in Europa kennen diese Geschichte von der Frau, der es leider nicht gelang, ein Paradies aufzubauen, sondern im Gegenteil gemeinsam mit ihrem Gefährten aus diesem vertrieben wurde und seither im Schweiße ihres Angesichtes ihr Brot essen muss. Robin Wall Kimmerer, die indianische Moosforscherin und Botanikerin, stellt in ihrem Buch die Frage, ob die vertriebenen Menschen dieser zweiten Geschichte durch die Frau der ersten Geschichte geheilt werden könnten, die aus eigener Kraft und mithilfe der Tier- und Pflanzenwelt, also mithilfe der Natur, ein Paradies aufbaut. Ich teile ihre Ansicht, dass die heutige Menschheit, die es geschafft hat, in wenigen Jahrhunderten das zu zerstören, was in vielen Jahrtausenden von ihren Vorfahren aufgebaut wurde, vieles lernen kann aus traditionellem Wissen indigener Kulturen und viel wertschätzender mit diesem Wissen und den alten Mythen umgehen sollte, als dies derzeit der Fall ist. Darum sollten Kinder mit Mythen aufwachsen dürfen, die ihre Beziehung zur Natur und zum Wald stärken. In diesem indigenen Wissen steckt viel Weisheit um nachhaltige Land- und Forstbewirtschaftung, sanfte Pflanzenmedizin und Naturheilkunde, die Weisheit, dass überschaubare Gemeinschaften am glücklichsten sind und dass Geld und Macht allein nicht glücklich machen – vor allem, wenn man zu viel davon hat.

Anhang und Serviceteil

Verhaltenscodex für Kinder und Eltern im Wald: Wir sind nur Gast im Wald und sollten uns auch so benehmen!

Wälder sind Lebensgemeinschaften, die aus vielen einzelnen Lebewesen bestehen und sich wie ein großer Organismus verhalten. Jeder Teil dieses Waldes kann also ähnlich betrachtet werden wie eines der Organe unseres Körpers. Da der Wald uns so viele gesundheitliche und klimatische Vorteile bringt und so viele schöne Erlebnisse schenkt, sollten wir sehr achtsam mit diesen Organen des Waldes umgehen. Gerade für Kinder ist es wichtig, diesen sorgsamen Umgang möglichst früh zu lernen und zu verinnerlichen. Mit der Verantwortung, die wir übernehmen, nimmt auch die Intensität des Erlebnisses zu, das wir haben.

- Wenn wir Früchte, Harze, Zweigspitzen, Pilze oder Brennholz entnehmen, sollte dies wirklich nur für den persönlichen Bedarf geschehen und nicht im Überfluss, um sie zu horten oder zu Hause wegzuwerfen. Pflanzen haben lange gebraucht und die Sonne lange ihr Licht gespendet, um diese Stoffe und Früchte zu produzieren. Eichhörnchen oder Vögel sind darauf angewiesen, dass Früchte oder Nüsse des Waldes im Winter verfügbar sind. Deshalb nehmen wir wirklich nur die Früchte, die wir dann auch essen oder zum Basteln verwenden.
- Pilze, die wir nicht ernten, sollten wir keinesfalls zertreten oder zerstören. Es ist wichtig, dass unsere Kinder diese Achtung

vor dem Wald lernen und nicht mutwillig auf Pilzen herumtrampeln, die nicht essbar sind.

- Wenn möglich sollten wir uns auch im Wald auf den Wegen bewegen und nicht quer durchs Gelände stapfen, um keine Tiere zu beunruhigen.
- Wenn wir uns ausnahmsweise abseits der Wege bewegen, sollten wir Rücksicht auf Pflanzen und Tiere nehmen und keinen Lärm machen.
- Das Hinterlassen von Müll im Wald ist selbstverständlich tabu. Alles, was wir mitbringen, sollten wir auch wieder nach Hause mitnehmen und umweltschonend entsorgen. Ganz besonders achtsame Menschen nehmen auch Müll von anderen mit, den sie im Wald finden. Wenn man einen Waldweg öfter begeht und ihn immer mehr von Müll reinigt, wird der Waldspaziergang immer erfreulicher. Nichts nervt mehr als eine Plastikflasche, die ich bei jedem Waldbesuch immer wieder sehe und die mich immer wieder ärgert.
- Fühlen wir uns als Gast im Wald und verhalten uns entsprechend zurückhaltend, achtsam und höflich!
- Wenn wir junge Austriebe sammeln oder direkt verzehren, nehmen wir keinesfalls solche von der Spitze des Stammes oder von den Haupttrieben. Gerade Nadelbäume werden in ihrem Wuchs verkrüppelt, wenn man zentrale Wipfel entfernt. Nehmen wir anstelle dessen Wipfel von schwächeren Ästen im unteren Bereich des Baumes.

Wichtige Adressen zur Naturerfahrung

Heilpflanzenakademie FNL

Freunde naturgemäßer Lebensweise (FNL):
Heilpflanzenkurs, Kräuterakademie
Wenn Sie mehr über Heilpflanzen und den Wald wissen wollen, können Sie sich an die *Freunde naturgemäßer Lebensweise* wenden. Sie sind heute schon auf über 7000 Mitglieder angewachsen und führen in verschiedenen Orten in Österreich, Italien und Deutschland Schulungen zur Kräuterheilkunde durch, die nicht nur interessant, sondern auch äußerst unterhaltsam sind.
Auch für Kinder gibt es Veranstaltungen und Kurse.
fnl-kraeuterakademie.at

Phänologischer Kalender

Phänologische Kalender sind Aufzeichnungen von Naturvorgängen wie Knospen-, Blüh- und Reifezeitpunkten, Abflug oder Wiederkehr von Zugvögeln, Vogelgesang oder Zufrieren/Auftauen von Seen. Wenn Kinder selbst einen solchen Kalender führen, lauschen sie dem Rhythmus der Natur und erleben Dinge bewusst, die sonst im Alltagsgetriebe verloren gehen. Sie können dafür ein Tagebuch oder einen größeren Kalender verwenden, in den die Kinder das Datum und den beobachteten Naturvorgang eintragen.

Einige Webseiten helfen darauf zu achten, was in der jeweiligen Jahreszeit besonders interessant ist und wie sich die Natur im Laufe der Zeit, auch durch den Klimawandel, verändert:

Für Österreich:
phenowatch.at/ueber-phaenologie/messinstrument-pflanze

Für die Schweiz:
naturwissenschaften.ch/topics/seasons/phenological_calendar

Für Deutschland:
dwd.de/DE/leistungen/phaeno_sta/phaenosta.html
Deutscher Wetterdienst:
dwd.de/DE/klimaumwelt/klimaueberwachung/phaenologie/phaenologie_node.html

Naturbeobachtung und -mentoring

Wenn Ihre Kinder Interesse an einem tieferen Wissen über die Natur haben und selbst für einige Tage in die Kultur der frühen Menschen und Naturvölker einsteigen wollen, sollten Sie Kontakt mit einer der Wildnisschulen aufnehmen, die in diesem Portal genannt wird: **wildnisschulenportal-europa.de**

Eine Wildnisschule, die ich aus eigener Erfahrung empfehlen kann. Diese Schule bietet auch »Wilde Wochen« für Familien an: Hans Mühlegger: **wildnis.at**
Einer der Väter des Naturmentorings, allerdings in den USA, ist Jon Young: **8shields.org**

Eine sehr schöne Webseite zum Thema Naturbeobachtung ist außerdem die folgende: nabu-naturgucker.de/natur.dll

Informationen zu europäischen Urwäldern (auch die gibt es!)

Webseiten:

lonelyplanet.de/magazin/reportagen/europa/sieben-urwaelder.html

biorama.eu/10-europaeische-urwaelder-und-wie-du-sie-besuchen-kannst/

spiegel.de/wissenschaft/natur/neue-landkarte-hierliegen-europas-letzte-urwaelder-a-1209653.html

Bücher:

Sperber, G., Thierfelder, S.:
Urwälder: Deutschlands archaische Welten. BLV 2008.

Schickhofer, M.:
Unser Urwald – Die letzten wilden Wälder im Herzen Europas. Brandstätter 2015.

Ausrüstung für die persönliche Naturbeobachtung

Outdoor-Ausrüstung

Besuchen Sie mit Ihren Kindern doch einmal statt eines 3-, 4- oder 5-Sternehotels eines mit viel mehr Zauber: Für Übernachtungen im 1000-Sterne-Hotel brauchen Sie nicht allzu viel Ausrüstung, diese sollte aber von hoher Qualität sein. Auch wenn Sie nur im eigenen Garten oder auf der Terrasse beginnen, macht es trotzdem Sinn, eine stabile und warme Unterlage (Isomatte) zu haben, auf der Sie in der Nacht nicht frieren und von der aus Sie alle das Firmament und seine Sterne ungestört betrachten können. Sie sollten ja nicht schon beim ersten Mal kälteschlotternd ins Haus flüchten müssen oder am Morgen völlig erschlagen sein, weil die weiche Matratze gefehlt hat. In Tests aufgrund ihrer Bequemlichkeit besonders gut abgeschnitten hat die Dream Matte von Vaude, für die Sie etwa 150 Euro ausgeben müssen. Wenn Sie noch jünger sind und nicht so viel Bequemlichkeit benötigen, gibt es auch weniger dicke Matten zu günstigeren Preisen, zum Beispiel von Therm-A-Rest.

Auch ein guter Schlafsack kann in der Kälte der Nacht wertvoll sein. Achten Sie darauf, dass das Innenmaterial aus Naturmaterialien, etwa Baumwolle, ist, damit Sie darin nicht schwitzen. Ein sehr angenehmes Modell ist Selma von Nordisk, mit Baumwollfutter und Daunenfüllung. Das gibt es in verschiedenen Kältestufen, sodass Sie individuell wählen können, wie mollig warm Sie es haben wollen.

Planen Sie genügend Kältefestigkeit ein, damit Sie nicht um drei Uhr morgens feststellen, dass Ihre Füße gerade dabei sind, abzufrieren!

Messer

Was wäre ein Pfadfinder oder eine Pfadfinderin ohne Messer? Wenn Sie sich mit Ihren Kindern in der Natur bewegen, ist ein Taschenmesser sehr hilfreich. Sie können es nutzen, um Pflanzenteile abzuschneiden, Holz zu zerkleinern oder auch zum Schnitzen. Sie können einen Feuerbohrer damit herstellen oder Rinde abschälen. Achten Sie auf eine feststellbare Klinge, die Sie vor Unfällen durch Zuklappen des Messers schützt. Die einfachste Variante in guter Qualität ist ein Messer der französischen Firma Opinel, das leicht und in verschiedenen Größen preisgünstig erhältlich ist.

Für Kinder sollten Sie eher spezielle Varianten mit abgerundeter Spitze wählen. Ein Schweizer Messer, wie von Victorinox hergestellt und in der Preisklasse von zwanzig bis achtzig Euro, hat zwar zahlreiche Werkzeuge, die von Nutzen sein können, wie zum Beispiel eine Pinzette, einen Flaschenöffner und eine kleine Säge, doch meist keine arretierbare Messerklinge.

Besonders schöne Messer, die gut in der Hand liegen und sehr lange scharf bleiben, erhalten Sie von der norwegischen Firma Helle. Sie sind allerdings eher für Jugendliche geeignet, für Kinder sind sie zu scharf. Das Taschenmesser Skala hat zum Beispiel eine herausragende Qualität und wird Sie lange Zeit erfreuen. Die Klinge ist arretierbar und wie erwähnt sehr scharf, weshalb man besonders vorsichtig damit umgehen sollte.

Eine analoge Gesundheitsuhr

Für elektrosensible Menschen, die keine Smartwach mit Funkverbindung tragen wollen, hat unser Institut gemeinsam mit der Firma sanochron die erste analog anzeigende Gesundheitsuhr ohne jegliche Funkverbindung und ohne Absaugen von Daten entwickelt. Sie können zusätzlich damit Ihre Vagusaktivität verstärken und Ihren Atem optimieren, wenn Ihnen beim Tierbeobachten zwischendurch langweilig wird:
sanochron.com/produkt/sanochron-uhr/

Bäume mit Nutzen für einen Waldgarten

Für den Garten empfehlen ich Ihnen Pflanzen, die besonders robust und pflegeleicht sind und einen hohen Gehalt an Inhaltsstoffen wie Vitaminen, Duftstoffen, Antioxidantien und Geschmacksstoffen haben. Wildsorten, die nicht hybridisiert sind, sind hier besonders gut geeignet. Fragen Sie gezielt nach botanischen Sorten beziehungsweise Wildsorten.

Nadelhölzer, Fruchtgehölze und Strauchpflanzen, die besonders gut an das alpine Klima angepasst sind, erhalten Sie beispielsweise bei der Bio-Baumschule Artner in Oberösterreich (**artner.biobaumschule.at**). Die Pflanzen sind größtenteils in Bio-Qualität, so außergewöhnliche Sorten wie die Tiroler Bergmarille und auch die Indianerbanane (Pawpaw) werden von Artner geführt und auch per Post versendet.

Weitere Bezugsquellen für Bäume für Ihren Garten:

baumschule-newgarden.de

Jörg Demes

Baumschule New Garden

Prozessionsweg 62, 46325 Borken

Mit Versand.

pflanzmich.de
Pflanzmich.de Baumschulen
Burstah 13, 25474 Ellerbek
Shop für Gartenpflanzen im Internet.
Die Pflanzen kommen zum größten Teil aus der eigenen Baumschule, teilweise aus anderen Baumschulen in Schleswig-Holstein.

die-forstpflanze.de
Schlegel & Co. Gartenprodukte GmbH
Robert-Bosch-Straße 20/1, 88499 Riedlingen
Versand verschiedener Forstpflanzen, sehr preisgünstig.

praskac.at
Große Baumschule in Österreich mit vielen Nadelbaumsorten.

Kräuter und Duftpflanzen mit ätherischen Ölen

Eine sehr erfolgreiche Gewürz- und Duftpflanzengärtnerei in Deutschland, deren umfangreichen Katalog Sie aus dem Internet herunterladen können, ist die ***Gärtnerei Rühlemann*** (**kraeuter-und-duftpflanzen.de).** Sie bietet eine Unzahl an interessanten Pflanzen an und verschickt diese auch per Post. Duftende Pflanzen sind für Kinder besonders attraktiv, da sie das ganze Jahr ihre Düfte verströmen.

Die ***Arche Noah*** in Österreich hat sich auf alte Sorten spezialisiert und bietet insgesamt 6000 verschiedene traditionelle Gemüse-, Getreide- und Obstsorten an, die von privaten Mitgliedern im eigenen Garten weitergezogen und vermehrt werden: **arche-noah.at**. Damit leistet die Arche Noah einen wertvollen Beitrag zur Erhaltung der Artenvielfalt und hat viele schon verschollen geglaubte Sorten wieder für die Allgemeinheit zugänglich gemacht. Wenn Sie können, werden Sie Mitglied der Arche Noah und nutzen Sie die Pflanzenmärkte, um sich mit wertvollen alten Sorten für Ihren Garten einzudecken.
In meiner Zeit als Zivildienstleistender habe ich 1987 die ersten hundert Menschen zusammengebracht und den gemeinnützigen Verein gegründet, der später zur Arche Noah wurde. Die Geschichte der Arche können Sie hier nachlesen:
arche-noah.at/ueber-uns/verein-arche-noah/die-geschichte-des-vereins

Raritäten und Duftpflanzen Syringa

Eine Bio-Gärtnerei mit einem mittelgroßen Katalog, den Sie auch auf der Webseite herunterladen können, und zahlreichen essbaren Raritäten und Duftpflanzen ist Syringa (**syringa-pflanzen.de**) in Binningen in der Nähe von Schaffhausen.

Bio-Gartenversand Hof Jeebel

Wertvolle alte Obstsorten mit höherem Vitamingehalt und weniger Zucker als bei modernen Sorten erhalten Sie bei Bio-Gartenversand Hof Jeebel (**biogartenversand.de**) unter dem Menüpunkt »Bäume und Gehölze«. Jeebel hat auch ein großes Angebot an Zubehör für einen exzellenten Bio-Garten. Der Hof hat jedoch kein Ladengeschäft und wickelt Bestellungen nur über den Versandweg ab.

Bio-Baumschule Pflanzlust

Auf Obstbäume spezialisiert ist die in der Nähe von Kassel in Wolfhagen-Nothfelden gelegene Bioland-Baumschule Pflanzlust (**pflanzlust.de**). Sie hat auch Apfelsorten im Programm, die für Apfelallergiker geeignet sein sollen.

Bio-Baumschule Brenninger

Und schließlich möchte ich noch die Bio-Baumschule Brenninger erwähnen (**baumschule-brenninger.de**), die im oberbayerischen Klima auf einer Seehöhe von 550 Metern zwischen München und Landshut vorwiegend Obstgehölze, Beerenobst und Wildfrüchte anbietet.

Lieferdienste für Bio-Lebensmittel

Hier finden Sie Bezugsquellen für Bio-Lieferdienste, die Ihnen auf Wunsch saisonale Bio-Produkte aus der Region zustellen:

Österreich:
umweltberatung.at/biokistl-anbieterinnen-aus-oesterreich

Deutschland:
oekokiste.de

Schweiz:
schoenesleben.ch/genuss/gourmet/obst-undgemuesekisten-aus-der-region-schweizer-lieferservices-467

Südtirol:
biokistl.it

Bücher und Links zur Tier- und Pflanzenkommunikation und -bestimmung:

Vogelsprache

Ralph Müller: *Die geheime Sprache der Vögel: Den Vögeln lauschen, sich berühren lassen, von ihnen lernen*. AT Verlag 2010

Webseite von Ralph Müller zur Vogelsprache: vogelsprache.de

Walther Streffer: *Heimische Singvögel: Wie, wann und wo sie singen*. Freies Geistesleben, 2019

Walther Streffer: *Magie der Vogelstimmen: Die Sprache der Natur verstehen lernen*. Freies Geistesleben, 2018

Musik und Bewusstsein der Pflanzen

Hier erhalten Sie das Gerät, mit dem Sie Ihre Zyklame zum Singen bringen: sanochron.com/musik-der-pflanzen/

Monica Gagliano: *Thus Spoke the Plant: A Remarkable Journey of Groundbreaking Scientific Discoveries and Personal Encounters with Plants*. North Atlantic Books, 2018

Pflanzen erkennen

PictureThis: eine App für iOS und Android. Bestimmt Pflanzen mit erstaunlich hoher Genauigkeit, wenn ein scharfes Foto zur Verfügung steht. Ausprobieren kostenlos, Dauernutzung leider nur mit Jahresabo. Sehr empfehlenswert! Man kann alle bestimmten Pflanzen in einem eigenen »Garten« speichern.

Insekten bestimmen

Picture Insect: eine App für iOS und Android. bestimmt Insekten mit hoher Genauigkeit, wenn ein scharfes Foto zur Verfügung steht. Ausprobieren kostenlos, Dauernutzung leider nur mit Jahresabo.

Mehr über Pilze und ihre wichtigen Funktionen in der Natur

Merlin Sheldrake: *Verwobenes Leben: Wie Pilze unsere Welt formen und unsere Zukunft beeinflussen*. Ullstein, 2020.

Paul Stamets: *Fantastische Pilze: Wie Pilze heilen, unser Bewusstsein erweitern und den Planeten retten können*. AT Verlag, 2020.

Moose und Moosgärten

Christine Rapp: *Moose des Waldbodens: Der Bestimmungsführer.* Haupt Verlag, 2021.

Michael Altmoos und Margit Schneevoigt: *Der Moosgarten: Naturnah gestalten mit Moosen - Praxiswissen, Inspiration, Naturschutz*. Pala Verlag 2019.

Robin Wall Kimmerer: *Gathering Moss: A Natural and Cultural History of Mosses*. Penguin, 2021.

Waldkindergärten und Schulen mit »Waldanschluss«

Bundesverband der Natur- und Waldkindergärten: **bvnw.de/**
Hier finden Sie Ihren nächstgelegenen Waldkindergarten:

Deutschland:
bvnw.de/natur-und-waldkindergaerten/deutschland

International:
bvnw.de/natur-und-waldkindergaerten/international

Und hier der Kontakt der Waldschule LiberSchool im Piemont: es werden Ferienkurse im Juli und August auf Englisch – Italienisch angeboten. Betreuung auch auf Deutsch möglich, wenn genügend Interesse besteht:
damanhur.org/listing/liber-school-damanhur-family-school/

Danksagung

Wie immer haben viele Menschen zu diesem Buch beigetragen, einigen darf ich namentlich danken: Die unermüdliche und verantwortungsvolle Forschungsarbeit der MitarbeiterInnen des Human Research Institutes (ich darf hier Matthias Frühwirth, Karin Holzer und Dietmar Messerschmidt namentlich nennen, sowie meine beiden Söhne Stephan-Gabriel und Raphael-Lukas),

Gespräche und Projekte mit befreundeten Wissenschaftlern und Künstlern wie David Auerbach, Peter Grünewald, Erwin Frohmann, Georg Lexer, Klaus Schrefler und Erwin Tafeit haben alle zum Ganzen des Buches beigetragen.

Meinen Töchtern Anna-Magdalena, Miriam und Aimi habe ich viele schöne Walderlebnisse zu verdanken, die meine Begeisterung für das Thema angefacht haben.

Herzlich danken möchte ich auch dem wunderbaren Team des Servus Verlages, Frau Sophia Angerer und Frau Maria-Christine Leitgeb, die ein sehr motivierendes und immer aufmunterndes Lektorat eingebracht haben, Herrn Florian Pötzelsberger und seinem Team, das bei organisatorischen Dingen immer wieder hilft, Herrn Manuel Quirin, der bei internationalen Lizenzen unterstützt, den unbekannten Setzerinnen und Setzern, Grafikerinnen und Grafikern, Druckern, die alle zum schönen Gesamtbild des Buches beitragen, und allen, die beteiligt waren, dass das Buch zustande gekommen ist. Prof. Dr. Michael Krings von der Uni München danke ich herzlich für die großzügige Bereitstellung des Bildes der fossilen Symbiose.

Freunden wie Günther Burndorfer, Jutta Engeln, Lena Gattringer, Günter Getzinger, Gottfried Jaufenthaler, Michael Lehofer,

Mario Mayrhoffer, Reinhold Mertlitz, Nandu Moringa, Ilona Semler, Dagmar Trichtinger-Scharf, Helmut Wagner, Patrizia Walther, Peter Winkels und Maria Zeisler, die in zahlreichen Gesprächen zu meinem tieferen Verständnis von den Grenzen unserer heutigen Gesellschaft beigetragen und mich oft ermutigt haben, nicht aufzugeben, wenn die Lage aussichtslos schien, weil z. B. keine Gelder für Forschung mehr verfügbar schienen.

In diesem Zusammenhang ganz besonders danken möchte ich Anna Krauter, Astrid Vollherbst, Georg Lexer und Klaus Scheidsteger, die nicht nur ermuntert, sondern auch, teils massiv, finanziell ausgeholfen oder Aushilfe organisiert haben, wenn die Situation ganz aussichtslos erschien.

Was wäre der Mensch ohne den intensiven Kontakt zur Natur? Anregungen zu diesem wertvollen Thema habe ich von Menschen erhalten, die ihr Leben in den Dienst von Pflanzenheilkunde, Naturmentoring und Achtsamkeit gestellt haben. Auch ihnen darf ich ganz herzlich danken (in alphabetischer Reihenfolge): Ulrike Baldessarini, Ulrike Möderndorfer, Hans und Sandra Müllegger. Besonderer Dank gilt in diesem Zusammenhang dem Team und den Schülerinnen und Schülern der Waldschule von Baldissero Canavese, die mich freundschaftlich aufgenommen haben, insbesondere Christine Schneider, Marco Ginevri und Perla Lanari.

Begonnen hat meine Reise in die Erforschung der Wirkung von Wald und Naturmaterialien auf den Menschen mit einem der ersten Projekte unseres Institutes, das die Wirkung von Zirbenholz untersuchte. Schon davor hatten wir für ein weltraummedizinisches Projekt (Austromir) im Jahr 1989 begonnen, Sensorgehäuse nicht mehr aus Kunststoff oder Metall, sondern aus

Holz zu bauen – mit größtem Erfolg: Unsere Sensoren mit Holzgehäusen wurden routinemäßig und ohne Ausfälle zehn Jahre lang in der Raumstation MIR zur Messung der Gesundheit der Kosmonauten eingesetzt.

Schließlich darf ich noch der Medizinischen Universität Graz danken, insbesondere dem Lehrstuhl für Physiologie, unter anderem Anita Ertl, Eugen Gallasch, Nandu Goswami, Daniel Schneditz und allen anderen, die mich hier unterstützt haben, sodass es möglich war, verschiedene und interdisziplinäre Projekte an einem Forschungsstandort durchzuführen.

Wenn Sie, liebe Leserin, lieber Leser, unsere Forschungen auch finanziell unterstützen wollen, können Sie das über die Webseite unseres Instituts oder unsere E-Mail-Adresse gerne machen: www.humanresearch.at oder office@humanresearch.at

Literatur

1. Kükelhaus, H. and R. zur Lippe: *Entfaltung der Sinne: Ein Erfahrungsfeld zur Bewegung und Besinnung*. 2008: Verlag Schloss Freudenberg
2. Moser, M. and E. Thoma: *Die Sanfte Medizin der Bäume*. 2015: Servus Verlag.
3. Ende, M.: *Die unendliche Geschichte*. 1979: Thienemanns Verlag.
4. Müller, R.: *Die geheime Sprache der Vögel*. Vol. 4. Aufl. 2021: AT Verlag.
5. Kinver, M.: *Conifer is top tree in urban sound absorption test*, in *BBC News*. 2020.
6. Bratsberg, B. and O. Rogeberg: *Flynn effect and its reversal are both environmentally caused*. Proceedings of the National Academy of Sciences, 2018. **115**(26): p. 6674-6678.
7. Hüter, G.: *Raus aus der Demenz-Falle!: Wie es gelingen kann, die Selbstheilungskräfte des Gehirns rechtzeitig zu aktivieren*. 2017: Arkana.
8. Kükelhaus, H.: *Organismus und Technik*. 1971: Walter.
9. Spitzer, M.: *Digitale Demenz: Wie wir uns und unsere Kinder um den Verstand bringen* 2014: Droemer TB.
10. Nordin, A.D., W.D. Hairston, and D.P. Ferris: *Human electrocortical dynamics while stepping over obstacles*. Sci Rep, 2019. **9**(1): p. 4693.
11. Voloshina, A.S., A.D. Kuo, M.A. Daley, and D.P. Ferris: *Biomechanics and energetics of walking on uneven terrain*. J Exp Biol, 2013. **216**(Pt 21): p. 3963-70.
12. Kent, J.A., J.H. Sommerfeld, and N. Stergiou: *Changes in human walking dynamics induced by uneven terrain are reduced with ongoing exposure, but a higher variability persists*. Scientific Reports, 2019. **9**(1): p. 17664.
13. Yamaguchi, M., M. Deguchi, and Y. Miyazaki: *The effects of exercise in forest and urban environments on sympathetic nervous activity of normal young adults*. J Int Med Res, 2006. **34**(2): p. 152-9.
14. Schick, B.: *A Tea Prepared from Needles of Pine Trees against Scurvy*. Science, 1943. **98**(2541): p. 241-2.
15. Salgado-Benvindo, C., et al.: *Suramin Inhibits SARS-CoV-2 Infection in Cell Culture by Interfering with Early Steps of the Replication Cycle*. Antimicrob Agents Chemother, 2020. **64**(8).
16. Zhu, W., et al.: *Identification of SARS-CoV-2 3CL Protease Inhibitors by a Quantitative High-Throughput Screening*. ACS Pharmacol Transl Sci, 2020. **3**(5): p. 1008-1016.
17. Bojadzic, D., O. Alcazar, J. Chen, S.T. Chuang, J.M. Condor Capcha, L.A. Shehadeh, and P. Buchwald: *Small-Molecule Inhibitors of the Coronavirus Spike: ACE2 Protein-Protein Interaction as Blockers of Viral Attachment and Entry for SARS-CoV-2*. ACS Infect Dis, 2021.

18. Ullah, A. and K. Ullah: *Inhibition of SARS-CoV-2 3CL M(pro) by Natural and Synthetic Inhibitors: Potential Implication for Vaccine Production Against COVID-19.* Front Mol Biosci, 2021. **8**: p. 640819.
19. Yin, W., et al.: *Structural basis for inhibition of the SARS-CoV-2 RNA polymerase by suramin.* Nat Struct Mol Biol, 2021. **28**(3): p. 319-325.
20. Ahn, C., Y.J. Jang, J.W. Kim, M.J. Park, Y.M. Yoo, and E.B. Jeung: *Anti-asthmatic effects of volatile organic compounds from Chamaecyparis obtusa, Pinus densiflora, Pinus koraiensis, or Larix kaempferi wood panels.* J Physiol Pharmacol, 2018. **69**(6).
21. Mulabagal, V., H. Wang, M. Ngouajio, and M.G. Nair: *Characterization and quantification of health beneficial anthocyanins in leaf chicory (Cichorium intybus) varieties.* European Food Research and Technology, 2009. **230**(1): p. 47.
22. Lee, S.-J., I. Depoortere, and H. Hatt: *Therapeutic potential of ectopic olfactory and taste receptors.* Nature Reviews Drug Discovery, 2019. **18**(2): p. 116-138.
23. Kollndorfer, K., F.P.S. Fischmeister, K. Kowalczyk, E. Hoche, C.A. Mueller, S. Trattnig, and V. Schöpf: *Olfactory training induces changes in regional functional connectivity in patients with long-term smell loss.* NeuroImage: Clinical, 2015. **9**: p. 401-410.
24. Berna, F., P. Goldberg, L.K. Horwitz, J. Brink, S. Holt, M. Bamford, and M. Chazan: *Microstratigraphic evidence of in situ fire in the Acheulean strata of Wonderwerk Cave, Northern Cape province, South Africa.* Proceedings of the National Academy of Sciences, 2012. **109**(20): p. E1215-E1220.
25. Stringer, C.: *What makes a modern human.* Nature, 2012. **485**(7396): p. 33-35.
26. Clottes, J.: *What Is Paleolithic Art?: Cave Paintings and the Dawn of Human Creativity* 2016: University of Chicago Press.
27. Igarashi, M., C. Song, H. Ikei, T. Ohira, and Y. Miyazaki: *Effect of olfactory stimulation by fresh rose flowers on autonomic nervous activity.* J Altern Complement Med, 2014. **20**(9): p. 727-31.
28. Cavazzana, A., C. Wesarg, J. Parish-Morris, J.N. Lundström, and V. Parma: *When preschoolers follow their eyes and older children follow their noses: visuo-olfactory social affective matching in childhood.* Developmental Science, 2018. **21**(1): p. e12507.
29. Jendrny, P., et al.: *Scent dog identification of samples from COVID-19 patients – a pilot study.* BMC Infect Dis, 2020. **20**(1): p. 536.
30. Buenaventura, B.: *Corona-Spürhunde: Covid-Detektoren der Zukunft.* National Geografic, online, 2021. **9.3.**
31. Watson, J., P.F. Whiting, and J.E. Brush: *Interpreting a covid-19 test result.* BMJ, 2020. **369**: p. m1808.

32. Ehmann, R., E. Boedeker, U. Friedrich, J. Sagert, J. Dippon, G. Friedel, and T. Walles: *Canine scent detection in the diagnosis of lung cancer: revisiting a puzzling phenomenon*. Eur Respir J, 2012. **39**(3): p. 669-76.
33. Müller, A.: *Bienen als Coronatest.* taz, 2021(20. Mai): p. 9.
34. Chan, H.K., F. Hersperger, E. Marachlian, B.H. Smith, F. Locatelli, P. Szyszka, and T. Nowotny: *Odorant mixtures elicit less variable and faster responses than pure odorants.* PLoS Comput Biol, 2018. **14**(12): p. e1006536.
35. Wink, M.: *Evolutionary advantage and molecular modes of action of multi-component-mixtures used in phytomedicine.* Curr Drug Metab, 2008. **9**(10): p. 996-1009.
36. Pinto JM, Wroblewski KE, Kern DW, Schumm LP, and M. MK: *Olfactory Dysfunction Predicts 5-Year Mortality in Older Adults.* . PLoS ONE 2014. **9**(10).
37. Becher, P.G., et al.: *Developmentally regulated volatiles geosmin and 2-methylisoborneol attract a soil arthropod to Streptomyces bacteria promoting spore dispersal.* Nature Microbiology, 2020. **5**(6): p. 821-829.
38. Moser, M.: *Die Kraft der Zirbe.* 2019: Servus Verlag.
39. Wink, M.: *Evolution of secondary metabolites from an ecological and molecular phylogenetic perspective.* Phytochemistry, 2003. **64**(1): p. 3-19.
40. Yallapragada, S.G., C.B. Nash, and D.T. Robinson: *Early-Life Exposure to Antibiotics, Alterations in the Intestinal Microbiome, and Risk of Metabolic Disease in Children and Adults.* Pediatr Ann, 2015. **44**(11): p. e265-9.
41. Jandhyala, S.M., R. Talukdar, C. Subramanyam, H. Vuyyuru, M. Sasikala, and D. Nageshwar Reddy: *Role of the normal gut microbiota.* World J Gastroenterol, 2015. **21**(29): p. 8787-803.
42. Yatsunenko, T., et al.: *Human gut microbiome viewed across age and geography.* Nature, 2012. **486**(7402): p. 222-7.
43. Jung, C.: *Fermentieren – Superfood aus Omas Zeiten: Lebensmittel saisonal, natürlich & kreativ haltbar machen! Techniken, Tricks & 111 leckere Rezepte von einfach bis exotisch für Kimchi, Kombucha, Kefir & Co..* 2021: Selbermachen macht glücklich - Verlag.
44. Katz, S.E.: *Die Kunst des Fermentierens: Eine tiefgreifende Erforschung grundlegender Konzepte und Prozesse aus aller Welt* 2015: Kopp Verlag.
45. Martinez, F.D.: *The human microbiome. Early life determinant of health outcomes.* Ann Am Thorac Soc, 2014. **11 Suppl 1**: p. S7-12.
46. Kearns, C.E., L.A. Schmidt, and S.A. Glantz: *Sugar Industry and Coronary Heart Disease Research: A Historical Analysis of Internal Industry Documents.* JAMA Intern Med, 2016. **176**(11): p. 1680-1685.
47. Kearns, C.E., S.A. Glantz, and L.A. Schmidt: *Sugar industry influence on the scientific agenda of the National Institute of Dental Research's 1971 National Caries Program: a historical analysis of internal documents.* PLoS Med, 2015. **12**(3): p. e1001798.

48. Dehghan, M., et al.: *Association of dairy intake with cardiovascular disease and mortality in 21 countries from five continents (PURE): a prospective cohort study.* Lancet, 2018. **392**(10161): p. 2288-2297.
49. Dehghan, M., A. Mente, and S. Yusuf: *Associations of fats and carbohydrates with cardiovascular disease and mortality-PURE and simple? – Authors' reply.* Lancet, 2018. **391**(10131): p. 1681-1682.
50. Dehghan, M., et al.: *Associations of fats and carbohydrate intake with cardiovascular disease and mortality in 18 countries from five continents (PURE): a prospective cohort study.* Lancet, 2017. **390**(10107): p. 2050-2062.
51. Streffer, W.: *Magie der Vogelstimmen.* Vol. 3. Auflage. 2018: Verlag Freies Geistesleben.
52. Suzuki, S.: *Erziehung ist Liebe: Ein neuer Weg in der Talenterziehung.* 1994: Bosse Verlag.
53. Nestor, J.: *Breath - Atem: Neues Wissen über die vergessene Kunst des Atmens | Über das richtige Atmen und Atemtechniken* 2021: Piper.
54. Innerhofer, F.: *Schöne Tage.* 1974: Residenz Verlag.
55. Veits, M., et al.: *Flowers respond to pollinator sound within minutes by increasing nectar sugar concentration.* Ecology Letters, 2019. **22**(9): p. 1483-1492.
56. Zürcher, E.: *Lunar Rhythms In Forestry Traditions – Lunar-Correlated Phenomena In Tree Biology And Wood Properties.* Earth, Moon, and Planets, 1999. **85**(0): p. 463-478.
57. Zürcher, E.: *Die Bäume und das Unsichtbare - Erstaunliche Erkenntnisse aus der Forschung.* 2016: AT Verlag.
58. Zürcher, E., M.-G. Cantiani, F. Sorbetti-Guerri, and D. Michel: *Tree stem diameters fluctuate with tide.* Nature, 1998. **392**(6677): p. 665-666.
59. Moser, M.: *Kerngesund.* 2020: Servus Verlag.
60. Kitsios, G.D. and A. Morris: *Mode of Delivery to the Brave New (Microbial) World: A Defining Moment for the Respiratory Microbiome?* EBioMedicine, 2016. **9**: p. 25-26.
61. Montoya-Williams, D., D.J. Lemas, L. Spiryda, K. Patel, O.O. Carney, J. Neu, and T.L. Carson: *The Neonatal Microbiome and Its Partial Role in Mediating the Association between Birth by Cesarean Section and Adverse Pediatric Outcomes.* Neonatology, 2018. **114**(2): p. 103-111.
62. Dominguez-Bello, M.G., et al.: *Partial restoration of the microbiota of cesarean-born infants via vaginal microbial transfer.* Nat Med, 2016. **22**(3): p. 250-3.
63. McGee, B. and A. Marshall-Baker: *Loving Nature From the Inside Out: A Biophilia Matrix Identification Strategy for Designers.* HERD, 2015. **8**(4): p. 115-30.
64. Burnard, M.D. and A. Kutnar: *Wood and human stress in the built indoor environment: a review.* Wood Sci Technol 2015. **49**: p. 969–986.
65. Ikei, H., C. Song, and Y. Miyazaki: *Physiological effects of wood on humans: a review.* J Wood Sci, 2017. **63**: p. 1-23.

66. Grote, V., M. Frühwirth, H.K. Lackner, N. Goswami, M. Köstenberger, R. Likar, and M. Moser: *Cardiorespiratory Interaction and Autonomic Sleep Quality Improve during Sleep in Beds Made from Pinus cembra (Stone Pine) Solid Wood.* Int. J. Environ. Res. Public Health, 2021. **18**(9749): p. 1-16.
67. Libby, P.: *Inflammation in atherosclerosis.* Nature, 2002. **420**(6917): p. 868-74.
68. Coussens, L.M. and Z. Werb: *Inflammation and cancer.* Nature, 2002. **420**(6917): p. 860-7.
69. Libert, C.: *Inflammation: A nervous connection.* Nature, 2003. **421**(6921): p. 328-9.
70. Tracey, K.J.: *The inflammatory reflex.* Nature, 2002. **420**(6917): p. 853-9.
71. Rosas-Ballina, M. and K.J. Tracey: *Cholinergic control of inflammation.* J Intern Med, 2009. **265**(6): p. 663-79.
72. Ulrich, R.S.: *View through a window may influence recovery from surgery.* Science, 1984. **224**(4647): p. 420-1.
73. Song, C., H. Ikei, and Y. Miyazaki: *Physiological Effects of Visual Stimulation with Forest Imagery.* Int J Environ Res Public Health, 2018. **15**(2).
74. Ikei, H., C. Song, and Y. Miyazaki: *Physiological Effects of Touching the Wood of Hinoki Cypress (Chamaecyparis obtusa) with the Soles of the Feet.* Int J Environ Res Public Health, 2018. **15**(10).
75. Ikei, H., C. Song, and Y. Miyazaki: *Physiological Effects of Touching Wood.* Int J Environ Res Public Health, 2017. **14**(7): p. 14.
76. Berman, M.G., J. Jonides, and S. Kaplan: *The cognitive benefits of interacting with nature.* Psychol Sci, 2008. **19**(12): p. 1207-12.
77. Ende, M.: *Momo.* 1973: Thienemann.
78. Bratman, G.N., et al.: *Nature and mental health: An ecosystem service perspective.* Sci Adv, 2019. **5**(7): p. eaax0903.
79. Nieuwenhuijsen, M. and H. Khreis: *Green space is important for health.* Lancet, 2017. **389**(10070): p. 700.
80. Hansen, M.M., R. Jones, and K. Tocchini: *Shinrin-Yoku (Forest Bathing) and Nature Therapy: A State-of-the-Art Review.* Int J Environ Res Public Health, 2017. **14**(8): p. 48.
81. Ideno, Y., K. Hayashi, Y. Abe, K. Ueda, H. Iso, M. Noda, J.S. Lee, and S. Suzuki: *Blood pressure-lowering effect of Shinrin-yoku (Forest bathing): a systematic review and meta-analysis.* BMC Complement Altern Med, 2017. **17**(1): p. 409.
82. Taylor, A.F. and F.E. Kuo: *Children with attention deficits concentrate better after walk in the park.* J Atten Disord, 2009. **12**(5): p. 402-9.
83. Kuo, F.E. and A.F. Taylor: *A potential natural treatment for attention-deficit/hyperactivity disorder: evidence from a national study.* Am J Public Health, 2004. **94**(9): p. 1580-6.

84. Donovan, G.H., Y.L. Michael, D. Gatziolis, A. Mannetje, and J. Douwes: *Association between exposure to the natural environment, rurality, and attention-deficit hyperactivity disorder in children in New Zealand: a linkage study.* Lancet Planet Health, 2019. **3**(5): p. e226-e234.
85. Hildebrandt, G., M. Moser, and M. Lehofer: *Chronobiologie und Chronomedizin.* 2013: gesundheitsleitsystem.
86. Moser, M.: *Vom richtigen Umgang mit der Zeit.* 2017, Hamburg: Ullstein-Allegria.
87. Wahlstrom, K., B. Dretzke, M. Gordon, K. Peterson, K. Edwards, and J. Gdula: *Examining the Impact of Later High School Start Times on the Health and Academic Performance of High School Students: A Multi-Site Study.* 2014.
88. Capaldi, C.A., R.L. Dopko, and J.M. Zelenski: *The relationship between nature connectedness and happiness: a meta-analysis.* Front Psychol, 2014. **5**: p. 976.
89. Park, B.J., Y. Tsunetsugu, T. Kasetani, T. Kagawa, and Y. Miyazaki: *The physiological effects of Shinrin-yoku (taking in the forest atmosphere or forest bathing): evidence from field experiments in 24 forests across Japan.* Environ Health Prev Med, 2010. **15**(1): p. 18-26.
90. Alvarsson, J.J., S. Wiens, and M.E. Nilsson: *Stress recovery during exposure to nature sound and environmental noise.* Int J Environ Res Public Health, 2010. **7**(3): p. 1036-46.
91. Oh, B., K.J. Lee, C. Zaslawski, A. Yeung, D. Rosenthal, L. Larkey, and M. Back: *Health and well-being benefits of spending time in forests: systematic review.* Environ Health Prev Med, 2017. **22**(1): p. 71.
92. Li, Q., A. Nakadai, H. Matsushima, Y. Miyazaki, A.M. Krensky, T. Kawada, and K. Morimoto: *Phytoncides (wood essential oils) induce human natural killer cell activity.* Immunopharmacol Immunotoxicol, 2006. **28**(2): p. 319-33.
93. Li, Q., et al.: *Visiting a forest, but not a city, increases human natural killer activity and expression of anti-cancer proteins.* Int J Immunopathol Pharmacol, 2008. **21**(1): p. 117-27.
94. Alibardi, L.: *Adhesive pads of gecko and anoline lizards utilize corneous and cytoskeletal proteins for setae development and renewal.* J Exp Zool B Mol Dev Evol, 2020. **334**(5): p. 263-279.
95. Simard, S.W., K.J. Beiler, M.A. Bingham, J.R. Deslippe, L.J. Philip, and F.P. Teste: *Mycorrhizal networks: Mechanisms, ecology and modelling.* Fungal Biology Reviews, 2012. **26**(1): p. 39-60.
96. Teste, F.P. and S.W. Simard: *Mycorrhizal networks and distance from mature trees alter patterns of competition and facilitation in dry Douglas-fir forests.* Oecologia, 2008. **158**(2): p. 193-203.

97. Krings, M., T.N. Taylor, and C.J. Harper: *Early fungi: Evidence from the fossil record*, in *The Fungal Community, Its Organization and Role in the Ecosystem Edition*, J. Dighton and J.F. White, Editors. 2017, CRC taylor and FrancisEditors.

98. Wall Kimmerer, R.: *Gathering Moss: A Natural and Cultural History of Mosses.* 2003: OREGON ST UNIV PR.

99. Wall Kimmerer, R.: *Geflochtenes Süßgras: Die Weisheit der Pflanzen*. 2021: aufbau.

100. Milling, A., R.D. Kehr, A. Wulf, and K. Smalla: *Survival of bacteria on wood and plastic particles: Dependence on wood species and environmental conditions.* Holzforschung. **59**(1): p. 72-81.

101. Aviat, F., C. Gerhards, J.-j. Rodriguez-Jerez, V. Michel, I.L. Bayon, R. Ismail, and M. Federighi: *Microbial Safety of Wood in Contact with Food: A Review.* Comprehensive Reviews in Food Science and Food Safety, 2016: p. 1-15.

102. Da Costa, A.R., A. Kothari, G.C. Bannister, and A.W. Blom: *Investigating bacterial growth in surgical theatres: establishing the effect of laminar airflow on bacterial growth on plastic, metal and wood surfaces.* Ann R Coll Surg Engl, 2008. **90**(5): p. 417-9.

103. Moser, M.: *Das Geheimnis der Zirbe: Gesund im Schlaf.* 2015, Salzburg: Servus.

104. Holzer, S., C. Holzer, and J. Holzer: *Sepp Holzers Permakultur, praktische Anwendung in Garten, Obst- & Landwirtschaft*. 2020: stv Verlag.

105. Berger, G.: *Einführung in die Welt der Permakultur: Ihre ersten Schritte zum Selbstversorger - Das Handbuch für Einsteiger.* 2020: Bücherglück.

106. Agroforestry_Research_Trust. *agroforestry.co.uk*. 2022; Available from: agroforestry.co.uk.

107. Kusche, D., K. Kuhnt, K. Ruebesam, C. Rohrer, A.F. Nierop, G. Jahreis, and T. Baars: *Fatty acid profiles and antioxidants of organic and conventional milk from low- and high-input systems during outdoor period.* J Sci Food Agric, 2015. **95**(3): p. 529-39.

108. Maxim, A., S. Strajeru, C. Albu, M. Sandor, L. Mihalescu, and S.E. Pauliuc: *Conservation of vegetable genetic diversity in Transylvania-Romania.* Sci Rep, 2020. **10**(1): p. 18416.

109. Moser, M.: *Fructus, 1. Jahreskatalog: Seltene Saatgut- und Obstsorten.* 1988: Selbstverlag.

FSC
www.fsc.org
MIX
Papier aus verantwortungsvollen Quellen
FSC® C014138

1. Auflage

Gesetzt aus der Palatino, Quan, Abril

Medieninhaber, Verleger und Herausgeber:
Red Bull Media House GmbH
Oberst-Lepperdinger-Straße 11–15
5071 Wals bei Salzburg, Österreich

Umschlaggestaltung, Design und Satz: b3K design, Andrea Schneider & diceindustries
Umschlag- und Innenteilbilder: Coverbild: gettyimages.com/JLPH; S.6/7: istockphoto/K_Thalhofer; S. 11, 13, 47, 84, 148, 152: Maximilian Moser; S. 17 oben: istockphoto/slowmotiongli; S. 17 unten: istockphoto/ifish; S. 18/19: istockphoto/da-kuk; S. 24: nach Schmidt-Thews: Physiologie des Menschen; S. 26: istockphoto/MaYcaL; S. 29: Stephan Persch/dpa/picturedesk.com; S. 33: istockphoto/dlugoska; S. 34: istockphoto/Dragan Smiljkovic; S. 37: istockphoto/evgenyatamanenko; S. 38: Christine Schneider; S. 43: shutterstock.com/delcarmat; S. 46: awesomeshotz/123rf.com; S. 51: istockphoto/Madeleine_Steinbach; S. 52: IMAGO/Panthermedia; S. 54: Gilles San Martin, CC-BY-SA-2.0; S. 59: Science Photo Library/Alamy Stock Foto; S. 60 istockphoto/DebbiSmirnoff; S. 64: Xavi Bou; S. 67: istockphoto/mirceax; S. 74/75: istockfoto/keiichihiki; S. 76: istockphoto/miljko; S. 82: Andrea Unterguggenberger; S. 86: istopckphoto/4FR; S. 90: Laubblatt-Aufbau von H McKenna, CC-by-sa 2.5 / Quelle: https://de.wikipedia.org/wiki/Datei:Laubblatt-Aufbau.svg; S. 93: istockphoto/BrianAJackson; S. 94/95: istockphoto/Julian Langhans; S. 100: istockphoto/mirceax; S. 103: mauritius images/Alamy Stock Photos/Kzenon; S. 109: istockphoto/Imgorthand; S. 116: Jan Greune/Lookphotos/picturedesk.com; S. 118: istockphoto/RyanJLane; S. 120/121: istockphoto/Sergei Loginov; S. 126: Trüffelhang.at; S. 128: © colourFIELD 2017; S. 131: BIOSPHOTO/Alamy Stock Foto; S. 135: istockphoto/Bobbushphoto; S. 136: M. Krings, München; S. 140/141: istockphoto/Rattankun Thongbun; S. 145: Foto: Dennis Yulov, Gestaltung: Andreas Fischer; S. 159: KREINERachitektur; S. 166/167: istockphoto/dankadanka; S. 172/173: istockphoto/SaladinoSA, S. 204/205: istockphoto/ SusanneSchulz

Lektorat: Maria-Christine Leitgeb

Printed in the Czech Republic by Finidr
ISBN 978-3-7104-0284-5